Sozialpädagogische Reihe
Band 1

Sozialpädagogische Reihe · Band 1
Herausgegeben von Wolfgang Bäuerle,
Anneliese Buß, Carl-Ludwig Furck
und Klaus Mollenhauer

Klaus Mollenhauer

Einführung
in die
Sozialpädagogik

Probleme und Begriffe der Jugendhilfe

Beltz Verlag · Weinheim und Basel

1. Auflage 1964
2./3. Auflage 1965
4. Auflage 1968
5., ergänzte Auflage 1974

© 1964 Beltz Verlag · Weinheim und Basel
Gesamtherstellung: Beltz, Offsetdruck, 6944 Hemsbach über Weinheim
Printed in Germany

ISBN 3 407 13101 1

Meinem Vater

Vorwort

In der Vorbemerkung dieses vor zehn Jahren geschriebenen Buches hieß es:

„Diese Einführung ist weniger als eine Einführung. Sie ist ein Versuch. Sie ist keine Theorie der Sozialpädagogik, sondern enthält Grundprobleme und Grundbegriffe einer noch zu entwerfenden. Sie geht von der Meinung aus, daß es an der Zeit und sowohl im Sinne der Ausbildungsstätten wie der Praxis selbst sei, den Begriff „Sozialpädagogik" zu präzisieren und die ihm entsprechende Erziehungspraxis in einer Theorie zu verstehen, zu klären und zu befördern."

Ich kann nicht beurteilen, ob das Buch wirklich zum Verständnis, zur Erklärung und Förderung der sozialpädagogischen Erziehungspraxis beigetragen hat. Daß es ein „Versuch" ist, läßt sich jedoch heute — aus dem Abstand von zehn Jahren — mit Gewißheit bestätigen. Ich möchte hinzufügen: Ein inzwischen wenig überzeugend gewordener Versuch. Es beruhigt mich wenig, wenn es vielleicht immer noch schwerfallen mag, überzeugendere Einführungen in die Sozialpädagogik zu finden: Dieses Buch trägt die Spuren seiner Entstehungssituation so deutlich an sich, daß es eigentlich nur noch als Gegenstand kritischer Auseinandersetzung einen Sinn im Ausbildungszusammenhang haben kann. Dazu muß man sich vergewissern, in welcher Lage sich damals, zu Beginn der 60er Jahre, Pädagogik und Sozialpädagogik befanden und was inzwischen geschehen ist.

1. An keiner Universität der Bundesrepublik Deutschland gab es einen s o z i a l p ä d a g o g i s c h e n   S t u d i e n g a n g. Nur eine Handvoll Assistenten, über das ganze Bundesgebiet verteilt, befaßte sich mit den Fragen der Jugendhilfe. Ohne die Nötigung zur Handlungsorientierung, eigentlich nur im Hinblick auf die Ausbildungsaufgaben der damaligen Höheren Fachschulen für Sozialarbeit und/oder Sozialpädagogik und die Etablierung einer erziehungswissen-

schaftlichen Teildisziplin, wurden Diskussionen über den Begriff Sozialpädagogik geführt, in denen es darum ging, den Gegenstand „Jugendhilfe" als einen pädagogischen zu bestimmen.

2. Empirische Forschung war nur erst ein Programm. Die Pädagogik als Wissenschaft befaßte sich im wesentlichen mit Textanalysen, seien diese Texte nun historischer oder aktuell-bildungspolitischer Natur. Da die Praxis des Bildungswesens noch unerschüttert in den Geleisen des dreigliedrigen Schulaufbaus verlief, Gesamtschulprojekte z. B. nur auf dem Papier bestanden — freilich gab es zwei bis drei Ausnahmen — fehlte auch von der Praxis her die Nötigung zu einer durchaus erfahrungswissenschaftlichen Orientierung der Pädagogik. Allerdings hatte die Rezeption empirischer Forschung der Nachbardisziplinen, besonders der Psychologie und Soziologie, soweit sie pädagogisch relevant war, schon begonnen. Schwerpunkte dieser Kooperation waren die Rollentheorie (vor allem in der Version Dahrendorfs), die Ausleseproblematik im Bildungswesen, die Jugend- und Freizeit-Forschung (weitgehend bestimmt durch die Arbeiten Schelskys und seiner Schüler).

3. Von Sozialisation war noch kaum oder nur im Anschluß an Parsons die Rede. Basil Bernstein war unter Erziehungswissenschaftlern nur Fachleuten bekannt. In der Sozialpädagogik bewegte sich die Erörterung von Delinquenz-Problemen auf der Ebene individualgenetischer Fragestellungen. Dem entsprach beispielsweise eine Praxis der außerschulischen Jugendarbeit, die sich in ihren fortgeschrittenen Teilen soziologisch am Konzept der „Subkultur" und pädagogisch am Konzept der „Aufklärung" orientierte, dabei zwar Bezug nahm auf je besondere soziale Lagen, das Problem einer „proletarischen Jugendarbeit" aber nicht als Thema hatte.

4. Das verweist auf den für die Geschichte der Pädagogik hier recht plausibel zu machenden Zusammenhang von pädagogischer Praxis und erziehungswissenschaftlichen Fragestellungen bzw. der entsprechenden Forschung. Die Studentenbewegung „schlummerte" noch; öffentlich sichtbar waren nur die vorbereitenden hochschulpolitischen Aktivitäten, als deren wichtigstes Dokument vielleicht die Denkschrift des SDS „Hochschule in der Demokratie" (Berlin 1961) gelten kann; von gesellschaftlicher oder pädagogischer Praxis war noch wenig die Rede. In den Erziehungsheimen war es ruhig. In der Jugendarbeit klagten die Verbände über sinkendes Interesse der Teilnehmer; die Jugendfreizeitheime versuchten ihr Angebot „attraktiver" zu gestalten, um Jugendliche aus allen sozialen Schichten zu erreichen. Obdachlosensiedlungen waren

ein Problem für Experten. Was aber taten jene, die später sich an der durch eine veränderte Praxis („Randgruppenarbeit", „Heimkampagnen", „Antikapitalistische Jugendarbeit") neu entflammten sozialpädagogischen Diskussionen beteiligten? C. W. Müller — später einer der Initiatoren des politisch anspruchsvollen Gemeinwesenarbeits-Projektes „Märkisches Viertel" — arbeitete an einem Konzept, das sich als „Freizeiterziehung durch Kultivierung der Geselligkeit mit politischen Themen" bezeichnen läßt. Chr. Marzahn — Mit-Verfasser von „Gefesselte Jugend" (1971) — studierte lateinische Literatur; H. Thiersch — inzwischen mit kritischen Beiträgen zum „Verwahrlosungs-Problem" hervorgetreten — hatte gerade eine Doktorarbeit über Jean Paul beendet; K. Holzkamp — später Apologet des Schüler-Ladens „Rote Freiheit" — arbeitete an einer methodologischen Untersuchung, die sich durchaus im Rahmen empirisch-analytischer Konzeptionen hielt ohne einen Hauch von Marxismus; das von H. M. Enzensberger herausgegebene „Kursbuch", das 1965 mit der ersten Nummer begann, brauchte mehrere Jahre, bis es sich bildungspolitisch und sozialpädagogisch relevanten Fragen zuwandte; in den ersten Nummern war es ein durchaus literarisches Magazin, zwar engagiert, aber der Akademiker befaßte sich im Grunde nur mit sich selbst. Das sind nur wenige und willkürlich herausgegriffene Beispiele. Seither hat die gesellschaftliche Praxis — auch im sozialpädagogischen Bereich — sich gravierend verändert: „Fürsorgezöglinge" bringen ihre Stigmatisierung selbst zur Sprache — und die Stigma-Theorie sowie der „labeling approach" des Interaktionismus gewinnen an Verbreitung; Sozialarbeiter und „Obdachlose" solidarisieren sich im Kampf gegen kommunale Administrationen — und die wissenschaftliche Literatur zu diesem Problem nimmt zu; Kinderläden entstehen — und die wissenschaftliche Diskussion über Kindergärten und Vorschulerziehung gewinnt eine neue Ebene; Jugendbildungsstätten entdecken Hauptschüler und Lehrlinge als spezifische Adressatengruppen — und die theoretische Diskussion einer „antikapitalistischen Jugendarbeit" hat ihren Gegenstand, die Geschichte wird neu durchforscht, Unterdrücktes aus den zwanziger Jahren kommt wieder zum Vorschein, für die Wissenschaft ergeben sich neue Perspektiven; politisch orientierte Projekte von Gemeinwesenarbeit entstehen — und in der theoretischen Diskussion taucht das „Lebenswelt-Konzept" und mit ihm verbundene Erörterungen angemessener Forschungsstrategien auf. Ein Seismograph dieser Entwicklung ist — wenngleich vornehmlich für den Bereich der außerschulischen Jugendbildung — die Zeitschrift „Deutsche Jugend".

5. Das Grundproblem der Sozialpädagogik, das in dieser Entwicklung und in der Auseinandersetzung zwischen Praxis und Wissenschaft sich allmählich herausstellte, betrifft ihren Ort innerhalb der bürgerlichen Gesellschaft: Kann das System der Jugendhilfe-Institutionen und die in ihnen geschehende Praxis als eine Funktion der Klassenauseinandersetzungen im Kapitalismus erklärt werden, oder — mit weniger kämpferischem Akzent —: ist eine Erklärung im Rahmen politisch-ökonomischer Analyse möglich? Diese Frage wurde explizit und ausführlich zum erstenmal in dem von einem Autoren-Kollektiv verfaßten Buch „Gefesselte Jugend" (Frankfurt 1971) nicht nur aufgeworfen, sondern auch positiv beantwortet. Ob diese Antwort wissenschaftlich befriedigen kann, ist eine andere Frage. Fraglos indessen ist, daß diese Problemstellung für eine Theorie der Jugendhilfe nicht nur sinnvoll, sondern inzwischen unverzichtbar geworden ist. Die Veröffentlichung selbst kam nicht „aus heiterem Himmel", sondern war selbst schon eine Folge der praktischen Auseinandersetzung in der Heimerziehung und der politischen Entschiedenheit relevanter Gruppen von Sozialpädagogen und Sozialarbeitern. Das erste Kapitel meines Buches („Aspekte des Verhältnisses von Sozialpädagogik und Gesellschaft") müßte heute also anders geschrieben werden; das aber hätte Konsequenzen für alle anderen Teile.

6. In den gleichen Jahren — als Zeichen nenne ich hier das Erscheinen der deutschen Ausgabe von E. Goffmans „Stigma" (Frankfurt 1967) und des von F. Sack/R. König herausgegebenen Sammelbandes „Kriminalsoziologie" (Frankfurt 1968) — gewinnt ein Thema an Bedeutung, das, so könnte es scheinen, in eine der politisch-ökonomischen Fragestellung entgegengesetzte Richtung weist: Der aus der interaktionistischen und phänomenologischen Forschungstradition (G. H. Mead, E. Goffman, A. Strauss, A. Cicourel u. a.) stammende „labeling approach". Individuen, die im Rahmen von Institutionen der Jugendhilfe und der Strafrechtspflege zu „Klienten", „Patienten", „Probanden" oder „Insassen" werden, werden hier betrachtet unter dem Gesichtspunkt der Prozeduren, denen man sie unterwirft. Es wird also nicht nach einem Merkmal dieser Individuen gefragt, sondern nach der sozialen Beziehung zwischen Institutionen und Individuum, und zwar so, daß die Hypothese unterstellt wird, die „Etikettierung" (labeling) bestimmter Personen und Personengruppen als „abweichend", „verwahrlost", „kriminell" usw. und die damit verbundenen administrativen und exekutiven Prozeduren schreiben diesen Personen ein soziales und negativ bewertetes Merkmal zu, was sie allererst in Konflikte und

Krisen nötige, aus denen es dann in der Regel nur den Ausweg der Unterwerfung unter die dominanten Normen gebe, allerdings nicht ohne Beschädigung der eigenen Identität. Unter dem Titel „Wie wird man kriminell" hat Stephan Quensel diese Fragestellung plausibel geschildert (in: Kritische Justiz, Jg. 1971, Heft 4). Das seit 1969 erscheinende „Kriminologische Journal" ist zur wichtigsten Plattform für diese Erörterungen geworden und W. Keckeisen hat in seinem Buch „Definition und Macht" (München 1974) den ganzen Umkreis der damit für die Jugendhilfe aufgeworfenen Probleme kritisch erörtert. Auch diese Diskussion, deren theoretisches Fundament die Bestimmung der Struktur menschlicher Interaktion ist, steht in Beziehung zur Praxis. Organisierte Entweichungen aus Fürsorgeerziehungsheimen, Heimkampagnen, Einrichtung von Jugendwohnkollektiven in den Jahren 1969 bis 1972 durch Initiative oder Mitwirkung der „Zöglinge" selbst, sind ein ausdrücklicher Versuch gewesen, sich selbst neu zu definieren und die Fesseln der instituionellen Zuschreibungen abzustreifen. Die Erfahrung dieser Praxis von „Selbstorganisation" hat für den aufmerksamen Wissenschaftler sein Bild des „Verwahrlosten" radikal ändern müssen. Der „labeling approach" bot die Möglichkeit einer theoretischen Erfassung dieser Erfahrung: Jugendhilfe konnte nun auch — ihrem eigenen Anspruch zuwiderlaufend — als eine Agentur der Entfremdung erscheinen.

So ist denn das Interesse an der Struktur menschlicher Interaktion, das es auf die Details sozialer Beziehungen zwischen „Ich und Du" abgesehen hat, von den politischen Fragen nach Macht, Herrschaft und ihren ökonomischen Stützen nicht so weit entfernt wie es scheinen mag. Für die Akzente einer „Einführung in die Sozialpädagogik" ergeben sich daraus weitgehende Konsequenzen. Einige davon mag der interessierte Leser meinen „Theorien zum Erziehungsprozeß" (München 1973) und dem neuen Teil D entnehmen. Eine Neubearbeitung des vorliegenden Buches könnte solchen Ansprüchen nicht entfernt genügen, und zu einem neuen Buch fehlt mir die Zeit. Aber vielleicht ist der Abstand lehrreich.

Göttingen, September 1973   Klaus Mollenhauer

Inhalt

Einleitung

Eine Einführung setzt voraus, daß es dasjenige gebe, in das in solchem Falle eingeführt werden soll. Eine Einführung besteht in der Regel nicht aus problematischen Erörterungen, noch viel weniger aus Polemiken und Kontroversen. In ihr soll vorgezeigt werden, was als sicher, sich so oder so verhaltend, als erreichte Gemeinsamkeit gelten kann. Nicht, daß der gesamte Bestand eines Wissens- oder Forschungsbereichs, die detaillierte Beschreibung einer Praxis geboten werden müsse: es ist für eine Einführung hinreichend, wenn es ihr gelingt, die besondere Struktur, den Aufbau, die Verfahren, die Hauptbegriffe zu nennen und zu erläutern. Eine Einführung gibt weder die ganze Sache, noch ist sie ein Lehrbuch.

Mit dieser Einführung in die Sozialpädagogik ist es indessen, selbst an so eingeschränktem Maß gemessen, nicht zum besten bestellt. Zwar gibt es die „Sache" Sozialpädagogik als Praxis; von einer bereits vorhandenen Theorie zu sprechen oder gar einem systematischen Zusammenhang lehrbarer Forschungsergebnisse, wäre eine arge Übertreibung. Allerdings gibt es Forschung im Bereich der Sozialpädagogik. Diese Forschung aber existiert bisher nur in wenigen Ansätzen und zudem ungleich verteilt, ohne daß diese verschiedenen Ansätze in einem systematischen Zusammenhang stünden. Sie sind überdies zwar durch pädagogische Bedürfnisse angeregt worden, selbst aber im wesentlichen auf die Psychologie, teilweise auf die Soziologie beschränkt. Das mag daran liegen, daß die der Forschung scheinbar bedürftigsten Bereiche sozialpädagogischer Arbeit, die Erziehung Schwererziehbarer, Verwahrloster und Krimineller, der Psychologie besonders nachdrücklich bedürfen; es liegt aber vermutlich auch daran, daß keine sozialpädagogische Theorie existiert, die eine unter pädagogischen Gesichtspunkten geführte Forschung fördert bezw. in Gang setzt.

Eine solche Theorie nun kann auf diesen Seiten unmöglich gegeben werden. Das Beste, was wir erhoffen, ist die Aufzählung und Ordnung einiger Gesichtspunkte, die – wenn nicht alles täuscht – dem gesamten Feld sozialpädagogischer Tätigkeit zugrunde liegen und deren theoretische Erfassung dieses Ganze nicht als eine willkürliche zusammengefaßte Summe von Einzelnem, sondern als zusammenhängendes pädagogisches Feld sichtbar machen.

Eine andere Schwierigkeit unseres Unternehmens liegt im Begriff Sozialpädagogik und in der Uneinigkeit, die sich in seiner Verwendung zeigt. Jedermann verbindet mit dem Wort „Schulpädagogik" Vorstellungen, die vielleicht nicht allzu grob voneinander abweichen; jedenfalls weiß jedermann, wovon nach einem solchen Titel etwa die Rede sein wird: von der Schule nämlich und dem, was in ihr geschieht. Ähnlich, wenn auch nicht ganz so gut, geht es der Berufspädagogik, vielleicht noch der Heilpädagogik. Das ist nun bei der Sozialpädagogik — schon des möglicherweise unglücklich gewählten Wortes wegen — entschieden anders. Nicht genug, daß schon das Wort durchaus offen läßt, wovon die Rede sein soll — was ist das „Soziale"? Läßt es sich überhaupt aus irgendeiner Erziehung, wo und wie auch immer sie geschehen mag, herauslösen und als ein gesondertes Feld der Erziehung bestimmen? — es wird als Terminus in der Fachliteratur in sehr verschiedenem Sinne gebraucht, auf jeweils ganz andere Sachverhalte bezogen, als ein Begriff je anderer Art konzipiert. So zum Beispiel zur Bezeichnung der gesamten Erziehungsaufgabe als Polemik gegen eine bürgerlich-individualistische Konzeption von Erziehung; „Sozialpädagogik" ist dann ein Synonym für das, was heute eine „Allgemeine Pädagogik" darzustellen sich bemüht; oder zur Bezeichnung des gemeinschaftserzieherischen (synonym mit „Sozialerziehung") oder gesellschaftlich-politischen Aspektes der Erziehung. Diese Aspekte aber sind Teile der Allgemeinen Pädagogik, bzw. der Allgemeinen Erziehungswissenschaft, die sehr wohl in besonderen Forschungen ausgegliedert werden können, die sich aber der Familie, der Schule und dem Beruf nicht nebenordnen lassen, da sie in diesen allen enthalten sind.

Neben diesen Wortbedeutungen existiert noch eine weitere, auch von uns im Folgenden verwendete, die sich mehr aus der Praxis als aus der Theorie entwickelt hat. Nach diesem Gebrauch des Wortes Sozialpädagogik bezeichnet es denjenigen Bereich der Erziehungswirklichkeit, der im Zusammenhang der industriellen Entwicklung als ein System gesellschaftlicher Eingliederungshilfen notwendig geworden ist, sich erweitert und differenziert hat; Eingliederungshilfen, die gleichsam an den Konfliktstellen dieser Gesellschaft entstehen: im wesentlichen das, was das Jugendwohlfahrtsgesetz „Jugendhilfe" nennt. Es ließe sich daher auch formulieren: Sozialpädagogik ist die Theorie der Jugendhilfe, wenn im Sprachgebrauch des Wortes „Pädagogik" nicht schon die

Praxis immer mitgemeint wäre. „Pädagogik" umschließt − in welchen Wortverbindungen es auch sein mag − immer die Theorie und die Praxis des gemeinten Bereichs.

Die Entscheidung für diese terminologische Festsetzung ist keine Willkür des Theoretikers, sondern hat als Motiv die Tatsache, daß die Praxis der Jugendhilfe sich in den Jahren ihrer entscheidenden Reformen und Differenzierungen nach dem ersten Weltkrieg selbst als „Sozialpädagogische Bewegung" verstand und sich mit den Namen Klumker, Fischer, Bäumer, Mennicke und Nohl die ersten Ansätze einer sozialpädagogischen Theorie verbinden. Und auch heute versteht man unter „sozialpädagogischen Ausbildungsstätten" nicht etwa politologische Seminare, Pädagogische Hochschulen oder Berufspädagogische Institute, sondern Wohlfahrtsschulen, Jugendleiterinnen-Seminare, Heimerzieherschulen. Wir sprechen also von Sozialpädagogik als einem Komplex von Erziehungseinrichtungen einer besonderen Aufgabenart. Die Erziehungswissenschaft, in deren allgemeinem Teil auch die allgemeinen Probleme und Begriffe der Erziehung abgehandelt werden, gliedert sich, in einer zweiten Ebene, in die einzelnen „Pädagogiken" auf, in denen sie auf die einzelnen Erziehungsbereiche hin spezifiziert wird: Familienpädagogik, Schulpädagogik, Berufspädagogik, Sozialpädagogik, Erwachsenenpädagogik und Heilpädagogik. Da sie nicht unabhängig von der Allgemeinen Erziehungswissenschaft sind, gelten in ihnen allen auch die von dieser gefundenen Ergebnisse. Sie setzen die Allgemeine Erziehungswissenschaft voraus. Das trifft deshalb auch für diese Einführung in die Sozialpädagogik zu. Es wäre unnötig, das ganze Erziehungsphänomen in seinen Momenten und Zusammenhängen zu entfalten, hier noch einmal zu versuchen, was andernorts besser geschehen kann. Viel mehr kann es sich nur darum handeln, die für die Sozialpädagogik spezifischen Probleme und Begriffe herauszustellen, um so die Eigenart dieses pädagogischen Bereichs zu klären und in ihren Grundzügen darzustellen. Eine knappe Skizze der geschichtlichen Entwicklung sei aber der systematischen Erörterung und Darstellung noch vorausgeschickt.

Die ersten sozialpädagogischen Einrichtungen entstanden, als sich die Formen der christlich-caritativen Fürsorge mit den Erziehungsintentionen der ausgehenden Aufklärung verbanden. Diese, vom Merkantilismus des absolutistischen Staates stark beeinflußten Institutionen der Erziehung der Armen zur Arbeitsamkeit, der Waisenkindererziehung, der „Besserung" von Verwahrlosten und Kriminellen, vor allem von vagabundierenden Kindern und Jugendlichen sind als die Vorläufer einer im 19. Jahrhundert einsetzenden differenzierten sozialpädagogischen Praxis anzusprechen.

Zwischen den napoleonischen Kriegen und der Ausbreitung der sozialen Bewegung in Deutschland entwickelte sich dann ein schon weit verzweigtes System von Erziehungseinrichtungen, der eigentliche Beginn der Sozialpädagogik, aus vornehmlich drei Motiven. (1) Die Idee einer allgemeinen Volkserziehung bewirkte, daß die ganze Breite der heranwachsenden Generation in ihrer gesamten Lebenswirklichkeit ein Gegenstand des pädagogischen Interesses und der pädagogischen Bemühung wurde. (2) Die Anfänge der industriellen Entwicklung, die Kenntnis der sozialen Bewegung Frankreichs und die Sorge angesichts des „Pauperismus" mobilisierten die pädagogischen Kräfte, diesen Entwicklungen zu begegnen, die befürchtete soziale Katastrophe zu verhindern und die neuen Lebenssituationen des Menschen in Stadt und Industrie zu bewältigen; der sozialpädagogische Begriff der „Gefährdung" hat hier seinen Ursprung. (3) Die Jugendverwahrlosung wurde erst jetzt als ein pädagogisches Problem i. e. S. betrachtet, als nämlich offensichtlich wurde, daß die mit diesem Begriff gemeinten Erscheinungen eine Funktion der sozialen und Erziehungssituation des Menschen sind.

Die institutionellen Formen und die Modi der Trägerschaften waren vielfältig und von Land zu Land verschieden. In der Regel handelte es sich um private Einrichtungen. Die größte Aktivität entfaltete die Innere Mission und der württembergische Pietismus. Daneben existierte eine große Zahl katholischer Erziehungsvereine, bürgerlicher Wohltätigkeitsvereine und Einrichtungen, die durch einzelne Erzieher oder sich erzieherisch verantwortlich fühlende Bürger, vor allem Adlige, ins Leben gerufen und erhalten wurden. Die Aktivität der Gemeinden richtete sich vornehmlich auf das traditionelle Feld der Waisen- und Armenpflege und -erziehung. Die caritativen Orden und Kongregationen erweiterten ihre Tätigkeit in Richtung auf eine pädagogische Intensivierung. So entstand in kurzer Zeit ein relativ weit verzweigtes System von Heimen und Anstalten, bis hin zu familienähnlichen Pflegestellen mit nur wenigen Kindern, Kinderbewahranstalten, Kindergärten, berufsfördernden Einrichtungen, Jünglings- und Gesellenvereinen, Sonntagsschulen, Pflegefamilien und Einrichtungen zur Hilfe in vereinzelten akuten Erziehungsnotständen. In groß angelegten Anstalten wie der des J. Falk in Weimar wurden alle diese Maßnahmen zusammengefaßt.

In einer zweiten Periode, deren entscheidende Figur J. H. Wichern war, wurde vor allem die Innere Mission sozialpädagogisch ausgebaut, drang die pädagogische Diskussion in den Bereich der Strafrechtspflege ein und wurde die vorbeugende Arbeit der Jünglingsvereine intensiviert. Die ersten Anfänge einer sozialpädagogischen Theoriebildung lagen in den Werken Wicherns, Völters (Württembergischer Pietismus), Hirschers (katholische Erziehungsbewegung) und – wenn auch mehr am Rande dieser Entwicklungen liegend und eher der allgemeinen Pädagogik zugehörig– Friedrich Fröbels vor. Als in den ersten Jahrzehnten des 20. Jahrhunderts durch die Frauenbewegung, die Jugendbewegung und die pädagogische Reformbewegung der entscheidende Ansatz zur Formierung der Sozialpädagogik, auch durch die Einrichtung eigener Ausbildungsstätten, gelang (Alice Salomon, Gertrud Bäumer, Herman Nohl), war bereits die pädagogische Diskussion über die wissenschaftlichen Grundlagen der neuen Arbeitsfelder (Erziehungswissenschaft, Psychologie, Psychopathologie), die Auseinandersetzung mit den juristischen und kriminalpädagogischen Problemen, mit der pädagogischen Problematik der Fürsorge, den Fragen der Jugendpflege und der Differenzierung und Umgestaltung der Heimerziehung in vollem Gange. Die Wiederentdeckkung Pestalozzis, vor allem als eines Sozialpädagogen, gab dem sich nun als sozialpädagogische Bewegung verstehenden Bereich pädagogischer Praxis auch die Dignität einer autorisierten Tradition. Im Jugendwohlfahrtsgesetz und Jugendgerichtsgesetz wurden die sozialpädagogischen Einrichtungen nun auch gesetzlich fixiert und ihr Zusammenwirken zum Wohle der Jugend bestimmt.

Seitdem hat sich das sozialpädagogische Feld immer weiter differenziert. Die Not der Jahre nach 1945 (Flüchtlingsschicksale, Verwahrlosung, Berufsnot usw.) fügte den alten Einrichtungen eine Reihe neuer hinzu; durch die gesteigerte pädagogische Phantasie, die sich in den Institutionen des Jugendsozialwerkes, Jugendaufbauwerkes, der Jugendpflege und der Heimerziehung besonders auswirkte, kamen die Diskussionen über Grundfragen der Sozialpädagogik wieder in Gang. Bis heute sind sie nicht verebbt. Das sozialpädagogische Feld befindet sich in Differenzierungen, Aus- und Umgestaltungen, die es schwer machen, aus dieser bewegten Praxis ein theoretisches Gerüst zu entwickeln, das in solcher Situation einen freilich nur vorläufigen Charakter haben kann.

A. Probleme

1. Einige Aspekte des Verhältnisses von Sozialpädagogik und Gesellschaft

Sozialpädagogik ist die Praxis und Theorie einer Erziehung; allerdings nicht der Erziehung im allgemeinen, oder der Erziehung, insofern sie auf Gruppen oder Gesellschaft überhaupt bezogen ist, sondern sie ist die Theorie und Praxis eines pädagogischen Bereichs. Als solche hat sie einen bestimmten geschichtlichen und gesellschaftlichen Ort: Sie ist ein Bestandteil desjenigen pädagogischen Systems, das durch die industrielle Gesellschaft hervorgebracht wurde. Alles, was über sie zu sagen ist, kann deshalb sinnvoll auch nur im Hinblick auf diese Gesellschaft gesagt werden. Von ihrem Beginn an und in allen ihren Formen war sie ein Antworten auf Probleme dieser Gesellschaft, die der Sozialpädagoge zu Erziehungsaufgaben umformulierte. In diesen Antworten zeigt sich bis heute eine Vielgestaltigkeit und ein Erfindungsreichtum, in welchen sich mehr ausdrückt, als nur die Größe des Aufgabenfeldes: Die Veränderung des Erziehungsphänomens selbst. Sollen so unterschiedliche Erscheinungen wie Vorgänge in einer Jugendgruppe, Einzelhaft eines jugendlichen Strafgefangenen, Behandlung schwererziehbarer Kinder in einem Heim, Berufsberatung, die Fotogruppe in einem Heim der offenen Tür, ein Kinderspielplatz, die Tätigkeit eines Jugendamtsleiters, das Gespräch einer Fürsorgerin mit einer Mutter, der Schutz der Jugend vor gefährdender Reklame usw. — soll dies alles in einer gemeinsamen Theorie zusammengefaßt oder doch auf eine solche bezogen werden, dann ist als erstes — da es sich um eine pädagogische Theorie handeln soll — die Frage nach dem der sozialpädagogischen Praxis innewohnenden Erziehungsbegriff zu stellen.

Diese Frage scheint müssig zu sein; denn ist es nicht so, daß sowohl in der erziehungswissenschaftlichen Literatur wie auch im alltäglichen Sprachgebrauch ein Erziehungsbegriff vorliegt, der sich nicht nur als praktikabel erwiesen hat, sondern der auch die gegenwärtige Praxis auf diesem Gebiet durchaus zu decken scheint? Indessen zeigen sich bei näherer Betrachtung bald einige Schwierigkeiten. Die geläufige Bedeutung des Wortes Erziehung — ein absichtliches, planvolles Handeln des Erwachsenen am Kinde oder Jugendlichen, in einem persönlichen Bezug, als ein sittliches Willensverhältnis − diese Bedeutung hatte sich gebildet in einer Gesellschaft, in der die erzieherische Verantwortung auf die Bereiche Familie und Schule beschränkt war. In ihr sind vor allem zwei Gedanken enthalten: der aufklärerische einer vernünftigen und rational gelenkten Entwicklung des einzelnen und der personalistische, die Meinung nämlich daß eine „Personwerdung" des Menschen nur möglich ist, wenn er schon „gewordenen" Personen in einer konkreten Begegnung gegenübertritt. Der erste Gedanke besteht im wesentlichen aus einer terminologischen Festsetzung − man könnte die Bedeutung des Wortes „Erziehung" auch anders festsetzen −; der zweite beruht auf einer immer wieder gemachten Erfahrung. Nun hat aber diese Wortbedeutung nicht nur einen gesellschaftlichen Ort, nämlich Familie und Schule (mit dem Ende des 18. Jahrhunderts fügt sich noch die Erziehungsanstalt an), sondern zugleich einen geschichtlichen Horizont. Sie paßt in eine Gesellschaft, in der die pädagogische Reflexion zwar begonnen hatte, aber noch wenig ausgebaut war, in der von einer durchgängigen „Pädagogisierung" der Gesellschaft − obwohl im Bewußtsein der „aufgeklärten" Gesellschaft schon angelegt − noch nicht die Rede sein konnte. Ist das erste Moment der Wortbedeutung optimistisch-fortschrittlich, so stellte sich in unserem Jahrhundert mit dem zweiten Moment ein solcher rationalistischen Gutgläubigkeit gegenüber resignierender Zug ein: Ideologie und Gegenideologie. Wie denn auch Kulturkritik in der Regel von dem personalistischen Ansatz her denkt. Vertrauen in den Fortschritt und Mißtrauen gegen seine Möglichkeit und seinen Wert sind in einer Formel, dem Erziehungsbegriff, zusammengefaßt.

Zwischen den beiden Momenten des Begriffs liegt aber nicht nur der Widerspruch von rationalistischer These und personalistischer Gegenthese; es liegen dazwischen jene 150 Jahre, in denen das entstand, was wir als „industrielle Gesellschaft" zu bezeichnen uns gewöhnt haben. Während nun die pädagogische Verantwortung sich immer weiter ausdehnte, in die Gesellschaft eindrang, neue Personenkreise erfaßte und neue Institutionen hervorbrachte, hielt man, bewußt oder unbewußt, doch daran fest, daß Familie und Schule das „eigentliche" Reservat der Erziehung seien. Die Sozialpädagogik entwickelte sich daneben und in zunächst kaum zusammenhängenden einzelnen Ansätzen, vor allem aber ohne eine zusammenfassende und fundierende Theorie, die das Gemeinsame dieses neuen Erziehungsgeschehens in das Bewußtsein der Praxis hätte heben können. Unbeschadet dessen aber wird gerade die Sozialpädagogik − wie sich heute immer deutlicher zeigt − den spezifischen Problemen der industriellen Gesellschaft konfrontiert;

sie kann schließlich nicht anders, als die Realität und die Art dieser Gesellschaft nachdrücklich in ihre Theorie und ihre Maßnahmen einbeziehen; an ihr erweist sich von neuem, daß die Erziehung eine Funktion der Gesellschaft ist — in welchem Sinne allerdings dies gilt, davon wird noch zu reden sein. Konnten Familie und Schule zunächst noch darauf insistieren, daß in ihnen die gewordene Gesellschaft und eine harmonisch festgelegte Tradition zu reproduzieren, der Nachwuchs in diese einzuüben sei, so sah und sieht sich die Sozialpädagogik dem W e r d e n dieser Gesellschaft gegenübergestellt, d. h. konkret: den Schäden, die sie dem Menschen zufügt oder zuzufügen im Begriff scheint.

So produziert die Gesellschaft im Sozialpädagogen einen ihrer heftigsten Kritiker. Durch die immer wieder neu auftretenden Schäden gibt sie der Kritik immer neue Nahrung. Daß diese Kritik den Gegner wirklich trifft, ist damit jedoch noch nicht gesagt. Vielmehr ist zu vermuten, daß die ideologische Form, in der sie auftritt und der Mangel an Aufklärung, der sie weithin auszeichnet, das Beklagte unbeschädigt läßt und der Wille zu ändern selbst in ohnmächtiger Resignation versiegt; eine Resignation, die sich allerdings in dem immer wieder neu erfahrbaren Glück der pädagogischen Begegnung im persönlichen Bezug kompensiert. Damit aber wird praktisch den gesellschaftlichen Fakten ihre Unveränderlichkeit bescheinigt. Die Möglichkeit einer fruchtbaren pädagogischen Kritik der Gesellschaft realisiert sich lediglich auf der Ebene sozialkritischer Nörgelei, jedenfalls so lange, als nicht noch andere Momente in den Erziehungsbegriff und damit in das Selbstverständnis des Sozialpädagogen mit aufgenommen werden.

So ist die Sozialpädagogik, um ihrer eigenen Wirksamkeit willen, gezwungen, in ihre Konzeption aufzunehmen, worauf jede persönliche Hilfe immer wieder verwiesen wird: die objektiven Bedingungen der entstehenden Hilfsbedürftigkeit wie der Hilfe selbst. Mit der „Pädagogisierung" der Gesellschaft hat sich der Umfang der erzieherisch bedeutsamen Fakten oder genauer: der Umfang dessen, über das erzieherisch nachgedacht und das in das erzieherische Handeln mit einzubeziehen ist, enorm erweitert. Es wäre heute eine willkürliche Abstraktion und Verengung, wollte man sich auf das persönliche Geschehen im Erziehungsprozeß beschränken, da die person-verändernden Wirkungen weit über das hinausgehen, was ein einzelner Erzieher je leisten kann. Aber nicht dies ist das Entscheidende. Denn freilich entfalten in jeder Gesellschaft die Institutionen die größte Wirksamkeit im Hinblick auf die Formung des Einzelnen, und das erzieherische Verhältnis als persönlicher Bezug wurde wohl in keiner Gesellschaft so hoch in Anschlag gebracht, wie in der unseren. Der ausschlaggebende

Unterschied liegt darin, daß diese unpersönlichen Wirkungen heute zu einem Gegenstand rationaler Planung geworden sind oder doch werden können. Wenn Erziehung seit eh und je den planbaren Teil der Sozialisierungsprozesse bezeichnete, so ist, an diesem Maß gemessen, Erziehung heute etwas anderes geworden. Eine Gesellschaft, die die Möglichkeit einer eigenen Veränderung nicht denken kann (weil sie sich als absolut setzt), nicht diskutieren will (weil sie, obschon aufgeklärt, an der Stabilisierung des Gegebenen, aus welchen Gründen auch immer, interessiert ist) oder vor dieser Möglichkeit resigniert, kommt mit einem eingeschränkten Erziehungsbegriff und einer Isolierung der Erziehungswirklichkeit in pädagogischen Provinzen aus, heißen sie nun Familie, Schule, Heim, Gruppe oder wie auch immer. Die Erziehungsplanung ist dann isoliert, fungiert als Zuträger zu dieser Gesellschaft, bestätigt deren Faktizität, damit aber auch jene Bedingungen, die einen Teil der Sozialpädagogik zwingen, sich mit immer den gleichen Notständen zu befassen. Die Möglichkeit der Aufklärung dieser Bedingungen und ihrer planenden Einbeziehung in den Erziehungsvorgang ist heute für einen angemessenen Begriff der Erziehungswirklichkeit konstitutiv.

Alles, was die Veränderung der Person bewirken kann und der Planung zugänglich ist, gehört zur Erziehungswirklichkeit. Kann es sich die Schule allenfalls noch leisten, diesen Begriff einzuschränken und ihn der Gesellschaft gegenüber zu isolieren (auch sie darf es im Grunde nicht mehr), so würde doch die Sozialpädagogik auf diese Weise auf die Dauer zur Farce und Donquichotterie. Unter den vielen Mitteln bleibt die persönliche Einflußnahme auf den Heranwachsenden eine unter anderen. Sie gewinnt ihre Bedeutung aber erst im Zusammenspiel aller Momente dieser Erziehungswirklichkeit. Daß die Sozialpädagogik diesen Begriff bereits an vielen Stellen praktiziert — wenn auch nur mehr oder weniger bewußt — zeigt sich im Jugendschutz, in architektonischer Planung, in der Einrichtung von Kinderspielplätzen, in der neuen Praxis von Heimen der offenen Tür. Das Charakteristische dieser neuen Praxis ist, daß der Erzieher als persönlich in bestimmter Richtung Beeinflussender zurücktritt, wenngleich er dadurch auf seine pädagogische Willensrichtung nicht verzichtet, sie vielmehr gerade in den Bedingungen manifest werden läßt, die ein gesundes Heranwachsen ermöglichen sollen.

In den aufgezählten Fällen ist ohne weiteres deutlich, wie eine direkte Beeinflussung des Heranwachsenden durch den Erzieher zurücktritt zugunsten eines Arrangements der materiellen Erziehungsbedingungen. Ein großer Teil dessen, was wir heute

Sozialarbeit nennen, besteht aus Verfahrensweisen dieser Art. Sie sind pädagogisch, weil sie als zweckentsprechende garnicht gedacht werden können ohne Hinblick auf die Veränderung der Personen, für die sie arrangiert werden. Aber nicht nur für solche gleichsam äußerlichen Arrangements gilt die Behauptung von dem Zurücktreten des persönlichen pädagogischen Bezugs; sie trifft ebenso zu für die Formen direkter menschlicher Kommunikation im Erziehungszusammenhang. So deutet sich in den neuen gruppenpädagogischen Praktiken der Jugendpflege, im Casework und im Groupwork ein methodisches Prinzip an, das jede irrationalistische Interpretation des persönlich-pädagogischen Verhältnisses so weit wie möglich auszuschließen versucht, dieses Verhältnis sehr weitgehend als ein technisches Problem versteht, also als ein planbares und erlernbares, in dem persönliches Charisma, pädagogischer Eros oder caritative Hingabe eine minimale, wenn nicht überhaupt keine Rolle mehr spielen. Das bedeutet aber, daß der persönlich formende, bildende und erweckende Einfluß des Sozialpädagogen als nur e i n einzuplanender Faktor des Erziehungsgeschehens verstanden wird; die sozialpädagogische Aktion richtet sich nicht unmittelbar auf den zu Erziehenden, sondern von vornherein und prinzipiell auf das sozialpädagogische Feld, in dem er sich befindet, bzw. strukturiert dieses Feld erst als ein sozialpädagogisches. Die Nuancen beispielsweise, die die Theorie des „pädagogischen Bezugs" in der klassischen Pädagogik von der Theorie der „helfenden Beziehung" im Case-Work unterscheiden, geben hier den Ausschlag. Scheinbar dasselbe Phänomen beschreibend und Analoges fordernd, hat jede dieser beiden Theorien doch eine eigene Konzeption des erzieherischen Vorgangs.

Diese Veränderung dessen, was in der Erziehungswirklichkeit geschieht und was mit dem Begriff „Erziehung" bezeichnet wird — ein Prozeß übrigens, der bereits mit Rousseau beginnt — wird erst recht verständlich vor dem Hintergrund der pädagogischen Willensrichtung, die darin zur Erscheinung kommt.

Wir sagten, daß die sozialpädagogische Willensrichtung in den Bedingungen manifest wird, die ein gesundes Heranwachsen ermöglichen. Das ist nicht nur ein in der sozialpädagogischen Praxis beobachtbares Phänomen, sondern zugleich eine Forderung; die Sozialpädagogik muß so verfahren, wenn sie wirkungsvoll sein will. Welche Wirkungen aber sollen erzielt werden, was heißt „gesundes Heranwachsen"? Viele Antworten sind hier möglich; so viele, als es pädagogische Meinungen, Weltanschauungen, Ideologien, Konfessionen gibt; oder, in der Terminologie des Jugendhilfegesetzes gesprochen, so viele, als es Interpretationsmöglichkeiten des Begriffs „pädagogische Grundrichtung" gibt. Diese

Formulierung, beim Wort genommen, läßt es zu, als „Grundrichtung" etwas zu benennen, das an der ideologischen Differenzierung nicht teilhat, sondern allen sozialpädagogischen Verbänden, Institutionen und Positionen als ein Allgemeines zugrunde liegt. Die „Grundrichtung" wäre demnach ein normativer Konsensus, der freilich nur durch Diskussion zu erreichen ist, aber in einer akzeptablen Theorie der Sozialpädagogik einen entscheidenden Ort innehätte.

Allgemeine Pädagogik und Erziehungsphilosophie nennen das Mündigwerden des Heranwachsenden bezw. seine Selbstwerdung als diesen normativen Konsensus. Diese Bestimmungen sind allgemein und sagen noch kaum etwas über die konkrete pädagogische Aufgabe in der Gegenwart aus, wenngleich beide Formulierungen die deutlichen Spuren ihres Ursprungs in einer besonderen geschichtlichen Situation, der Aufklärung im einen und dem deutschen Idealismus im anderen Fall, in sich tragen. Indessen lassen sich doch deutliche Angaben machen, wenn man fragt, wie denn die Richtung verläuft, in der die neuen sozialpädagogischen Einrichtungen und Methoden sich ordnen, wenn man hinzunimmt das Bild eines demokratischen Bürgers, auf das hin ein demokratisches Gemeinwesen entworfen ist und wenn man schließlich die Fähigkeiten sich bewußt macht, die ein Mensch in der Industriellen Gesellschaft nach ihrer zweiten Revolution braucht, um als Mensch im Geflecht ihrer Beglückungen und Gefährdungen bestehen zu können. Dabei steht die Richtung, die sich in der Sozialpädagogik immer deutlicher ausdrückt, in einem direkten Wechselverhältnis zum Bilde des demokratischen Bürgers und zu den Anforderungen der Industriegesellschaft, deren Herausforderung der Sozialpädagoge ja gerade mit seinen Maßnahmen zu beantworten sucht. Mit großer Klarheit tritt in diesen Antworten hervor, daß das pädagogische Gewicht sich vom Gegenwirken auf das Unterstützen verlagert hat. Einzelfall-Hilfe, Gruppen-Arbeit, Heime der offenen Tür, Bewährungshilfe sprechen in dieser Hinsicht die gleiche Sprache, der Kindergarten und manche Bereiche der Fürsorge und Heimerziehung sind ihnen darin vorangegangen: Immer geht es darum, die Selbsttätigkeit zu unterstützen, die Spontaneität zu fördern und zu ermöglichen, Ordnungen im Spiel der Gruppenkräfte entstehen zu lassen, Rollen zu lernen, Aufgaben zu übernehmen und zu verantworten, über sich selbst Aufklärung zu erlangen. Dagegen tritt zurück: in vorgegebene Ordnung sich einfügen, Autorität anerkennen, behütet und isoliert werden, gehorchen lernen, Vorbildern nacheifern. Diese Akzentverschiebung der erzieherischen Absichten ist nicht nur ein Methodenproblem, obwohl es das auch und in besonderem Maße ist; sie bedeutet vielmehr, daß das Bild des mündigen Menschen, zu dessen Verwirklichung die Erziehung beitragen soll, anders geworden ist. Dieses Bild bleibt von einem großen Teil der ideologischen Differenzen im wesentlichen unberührt; in ihm deutet sich der erwähnte Konsensus aller gesellschaftlichen Gruppen im Hinblick auf die Richtung der Erziehung an.

Der Wandel, der in den letzten anderthalb Jahrzehnten in der Einstellung der erziehenden Generation zur Jugend zu bemerken ist, zeigt das besonders deutlich. Das rationale, auf unverrückbare Leitbilder verzichtende, analytische Interesse an der Jugend und ihrem Verhaltens- und Wertprofil wird von nahezu allen an der Erziehung Beteiligten geteilt; und zwar nicht, um sie dann desto besser und wirksamer in die vorgegebene Ordnung einpassen zu können, sondern um sie als Partner im Erziehungsgeschäft zu erkennen und ernst zu nehmen. Diese Haltung ist für die Sozialpädagogik geradezu konstitutiv geworden.

Damit rückt ein Faktor wieder stärker in das pädagogische Interesse, den wir bisher, um die Veränderung deutlich zu machen, vernachlässigen mußten: der persönliche Bezug. Zwar hat er im neu strukturierten sozialpädagogischen Feld einen neuen Stellenwert bekommen, erweist sich so aber als unabdingbare Voraussetzung des pädagogischen Gelingens. Überall dort nämlich, wo durch Methodisierung, Gruppenplanung, institutionelles Arrangement, Bereitstellung von Möglichkeiten, Offenhalten der Ordnungen der unmittelbare Einfluß eines einzelnen Erziehers zunächst scheinbar zurückgedrängt und der Initiative der Zöglinge ein möglichst großer Raum gewährt wird, zeigt sich deutlich, daß der pädagogischen Aufgabe nur entsprochen werden kann, wenn die intensive Einzelbetreuung als ein notwendiges Korrelat in die Erziehungsplanung mit aufgenommen wird. So bleibt das persönliche erzieherische Verhältnis schließlich doch Anfang und Kernstück jedes pädagogischen Prozesses. Es hat aber durch die Akzentverschiebungen und mit ihm verbundenen Maßnahmen nicht nur einen neuen Stellenwert im Zusammenhang aller pädagogischen Faktoren bekommen, sondern ist zugleich in seiner Art ein anderes geworden, was an der sogenannten „Helfenden Beziehung" des Case-Work exemplarisch zum Vorschein kommt.

Wir sagten, Sozialpädagogik sei eine Funktion der Gesellschaft. Das gilt für die Sozialpädagogik in gleichem Maße wie für die Schule und die Erziehung in der Familie. Insofern ist dieser Satz ein Satz der allgemeinen Pädagogik. Jede Erziehung ist gebunden an den sozio-kulturellen Zusammenhang, in dem sie geschieht, insbesondere dort, wo ein institutionalisiertes und planendes öffentliches Interesse diese lenkt oder mindestens begleitet. Der Erzieher ist in diesem Sinne ausführendes Organ seiner Kultur, er spielt eine sozial festgelegte Rolle. In der Familie wird der kulturelle Charakter in seinen Grundzügen fixiert, die Schule vermittelt den kulturellen Wissenskanon mit den zu seinem Erwerb notwendigen Techniken und Einstellungen; die Sozialpädagogik leistet Integrationshilfen an den vielen Übergängen und Konfliktstellen, die das Heranwachsen in der modernen Gesellschaft charakterisieren und bessert die Schäden aus, die dem Einzelnen dabei immer wieder zugefügt werden. Alle pädagogischen Bereiche orientieren sich dabei an dem Bild einer funktionierenden Gesellschaft und eines Menschen, der möglichst schadlos in ihr existieren soll; Bilder, die die Erziehung zunächst nicht aus sich hat, sondern die ihr sozial-kulturell vorgegeben sind.

Das ist allerdings nur richtig auf einer gleichsam unteren Ebene. Sogenannte stationäre Gesellschaften, die keinem oder nur einem sehr langsamen Wandel unterworfen sind, werden sich immer damit begnügen oder sogar ausdrücklich daran festhalten. Die Dynamik der modern-demokratischen Gesellschaft aber besteht u. a. gerade darin, daß eine Gesellschaft einen Funktionszusammenhang bildet oder zu bilden gewillt ist, in dem jedem einzelnen kulturellen Sektor ein spontaner Beitrag zum gesellschaftlichen Fortschritt zugestanden wird. Das charakterisiert diesen Funktionszusammenhang als ein dialektisches Gefüge. Wenn daher im Hinblick auf ein solches Gefüge davon gesprochen wird, daß die Erziehung eine Funktion der Gesellschaft sei, bedeutet das etwas anderes als es für die stationäre Gesellschaft bedeuten würde.

Auf der genannten unteren Ebene scheinen alle Gesellschaften in der Form übereinzustimmen. Wenn auch jeweils andere Normen gelten, so sind es doch immer die fraglosen Selbstverständlichkeiten einer Kultur, die in jeder Erziehung im Heranwachsenden reproduziert werden. Sie verändern sich außerordentlich langsam, so daß sie dem jeweiligen Zeitgenossen als ungeschichtliche Konstanten erscheinen können. Daß dem Kind sein Recht auf individuelle Entfaltung werde, daß es Freundlichkeit und nicht Agressivität erwerbe, daß es Vernunftgründen allmählich zugänglich werde, daß es das Zusammenleben mit Freunden, eine bestimmte Form von Reinlichkeit, zivilisiertes Betragen und die Ordnung etwa eines mittelständischen Haushaltes erlerne – diese scheinen einige jener kulturellen Selbstverständlichkeiten zu sein, deren Gültigkeit innerhalb unserer Kultur nicht angezweifelt wird, besonders da sie aus wesentlich älterer Tradition stammen als die industrielle Gesellschaft. Auf der Ebene dieser Normen ist auch heute jede Erziehung ein Durchsetzen, Tradieren, Verwirklichen des Vorgegebenen. Dem Erzieher bleibt keine Wahl; er hat seine festgelegte Rolle zu spielen. Sein Beitrag zur Gesellschaft ist reproduktiver Natur.

Das Eigentümliche der Erziehungsaufgabe in der industriell-demokratischen Gesellschaft mit dynamischem Charakter, als unterschieden von den stationären Gesellschaften, kommt erst auf einer zweiten Ebene zum Vorschein. Soll nämlich diese Gesellschaft ihren demokratisch-dynamischen Charakter wahren, so besteht die pädagogische Aufgabe nicht nur darin, jenen Bestand an kulturellen Selbstverständlichkeiten konservativ zu bewahren, sondern zugleich die Mittel zur Veränderung oder zum Fortschritt der Gesellschaft zu überliefern bezw. zu produzieren. In einer offenen Gesellschaft blickt auch der Erzieher in die offene Zukunft. In dieser Situation befindet sich in besonderer Weise die Sozialpädagogik. Sie ist gleichsam das exponierteste pädagogische Experimentierfeld der Gesellschaft, und zwar deshalb, weil sie, ihrem Auftrag entsprechend, es nicht mit der Überlieferung von kulturellen Sach-Inhalten zu tun hat, sondern ausschließlich mit der Bewältigung aktueller, im Entwicklungs- und Eingliederungsprozeß des Heranwachsenden auftretender Probleme. Sie hat keine „Bildungsinhalte" zu vermitteln, sondern Haltungen und Fähigkeiten, die die Bewältigung konkreter Gegenwartsprobleme – und zwar meist auf der Stelle – ermöglichen. Am gesellschaftlichen Fortschritt ist sie deshalb unter allen pädagogischen Aufgaben-Bereichen allein unmittelbar beteiligt. Stellt sie sich trotzdem nicht der aktuellen sozialen Problematik, muß sie ein doppelt schwerer Vorwurf treffen. Damit hat aber der Satz, Erziehung sei eine Funktion der Gesellschaft, erst seine heute sinnvolle Bedeutung erlangt. Als ein relativ eigenständiger Sektor unserer Kultur und Gesellschaft, kann sie produktiv an deren Veränderung mitarbeiten. Wenn Erziehung immer eine Vorwegnahme zukünftiger Möglichkeiten im Erzogenen ist, dann liegt es im Begriffe der Erziehung, daß der Entwurf in die Zukunft zu ihr gehört – jedenfalls in einer Gesellschaft, in der nicht dekretiert ist, daß das Morgen dem Heute und Gestern zu gleichen habe. Dort, wo die Erziehung dem „Heute" am unnachgiebigsten konfrontiert wird, in der Sozialpädagogik, wird sie auch am nachdrücklichsten über die Möglichkeiten des „Morgen" zu reflektieren, das Nachdenken über den gesellschaftlichen Fortschritt in den pädagogischen Gedankengang einzubeziehen haben. Der Dialektik von individueller Subjektivität und objektiver Gesellschaft entspricht die andere von Gegenwart und Zukunft.

Diese dialektische Struktur der Erziehungswirklichkeit ist nicht ohne weiteres einfach da, sie ist nicht notwendig schon durch das

Faktum dieser Gesellschaft gegeben. Vielmehr wird sie nur von Fall zu Fall zur Wirklichkeit, durch den Willen der Handelnden, die ihr Handeln dialektisch selbst verstehen und gewillt sind, dieser Struktur zur sozialen Wirklichkeit zu verhelfen. Das heißt konkret, daß in der Fassung des Verwahrlosungs- und Gefährdungs-Begriffes, in der Organisation eines Erziehungsplanes, in der Verwendung bestimmter Methoden, im Stil des Umgangs mit Kindern und Jugendlichen, in der Bereitschaft, immer neu zu experimentieren und das Erlernte und Gewohnte als möglicherweise unbrauchbar oder unangemessen zu betrachten, dieser Wille sich zeigt oder nicht zeigt. Jedes Heim, das nach dem Familienprinzip oder nach einem anderen organisiert wird, kann diese Frage rein technisch behandeln, sich an Vorbildern orientieren, einer Soziallehre oder einem Dogma folgen; es kann sich aber auch in die ganze verwickelte Problematik gegenwärtigen Familienlebens und Gruppendaseins hineinbegeben und einen produktiven Entwurf für die Zukunft wagen. Jeder Fürsorger kann nach der Maxime handeln, er habe seinen Schützlingen grundsätzlich die Entscheidungen abzunehmen, da sie selbst dazu nicht imstande sind; seine Maxime kann aber auch sein, daß er in allen seinen Maßnahmen und Ratschlägen die Entscheidungsfähigkeit nicht nur herbeizuführen, sondern sie in jedem Fall — sei es als pädagogische Utopie — vorauszusetzen habe, auch wenn er weiß, daß es ohne ihn, und wahrscheinlich sogar häufig trotz ihm, mißlingt. Jeder Jugendpfleger kann seine Aufgabe darin sehen, den Heranwachsenden an bestimmte, ihm als unerläßlich erscheinende soganannte Kulturgüter, Umgangsformen, Gesellungsarten heranzuführen und zu binden; er kann aber auch versuchen, in Unvoreingenommenheit mit dieser Jugend umzugehen und auf den ihr eigenen Wegen zur Spontaneität und Produktivität zu verhelfen.
Die Dialektik des pädagogischen Problems wird am deutlichsten an der jungen Generation selbst. Darin zeichnet diese sich vor allen ihren Vorgängern seit der Mitte des 18. Jahrhunderts aus. Sie steht praktisch und täglich vor den gleichen Problemen, denen sich auch der Erzieher bei der Reflexion seiner pädagogischen Aufgabe gegenübersieht. Die Widersprüchlichkeit der gegenwärtigen Kultur trifft auf sie unvermittelt. Es sind die Widersprüche von Beruf und Freizeit, Konsum und Produktivität, Konformität und Individualität, Anpassung und Widerstand, Engagement und Distanz, Herrschaft und Knechtschaft, Freiheit und Vergesellschaftung. Während die Jugend in diesen Spannungsfeldern glücklich oder unglücklich, mit Nutzen oder Schaden, Lösungen findend oder verfehlend mit ihrem Verhalten experimentiert, ist der Erzieher belastet durch das Gewicht der pädagogischen Verantwor-

tung, durch die Tradition seiner Theorie, seine Ideologie. Er hat es schwerer als die Jugend, weil er, im Hinblick auf die Bewältigung dieser Dialektik, in ähnlicher Ungewißheit sich befindet wie sein Schützling, diesem aber doch helfen und seinen Weg pädagogisch verantworten soll.

2. Generation

Das Verhältnis der Generationen zueinander ist ein allgemeines pädagogisches Problem. Für den Bereich der Sozialpädagogik indessen ist es von besonderer Wichtigkeit. Fast alle in diesem Verhältnis auftauchenden Probleme und Konfliktmöglichkeiten sind im Bereich der Schule und der Familie institutionell gebunden, überformt durch die Einrichtung und die starren Gruppierungen im einen Fall, im anderen entscheidend modifiziert durch den partikulären Charakter der Familie als Intimgruppe. Dagegen ist das Generationenproblem im variationsreichen Zwischenfeld der Sozialpädagogik vom Beginn ihrer Entwicklung an konstitutiv gewesen. Hier konnte es sich entfalten, da die Erziehungswege nicht durch traditionsreiche Institutionen vorgeformt waren und der Anspruch einer jungen Generation unvermittelt auf die Welt der Erwachsenen traf.

Wir sagten, das Generationenproblem sei ein allgemein pädagogisches. Das ist nicht mehr zutreffend, wenn dieser Satz für alle historischen Epochen, für alle Gesellschaften, d. h. für jede Form von Erziehung gelten soll. Allgemein ist das Problem lediglich in Bezug auf u n s e r e n kulturellen Zusammenhang. Ist also das Generationen-P r o b l e m relativ neu und spezifisch, so ist doch das Generationen-V e r h ä l t n i s eine im strengen Sinne allgemeine Bedingung von Erziehung überhaupt. Ehe vom Problem und seiner besonderen sozialpädagogischen Bedeutung die Rede ist, sei daher Einiges zu diesem Verhältnis gesagt.

Der Generationen-Begriff bezeichnet die biologische und soziale Tatsache, daß immer verschiedene Altersgruppen streckenweise miteinanderleben, von denen die einen relativ "fertig" (reif, mündig, erwachsen) die anderen dagegen noch „unfertig" (unreif, unmündig, heranwachsend) sind; er bezeichnet ferner den Vorgang der Überlieferung des kulturellen Bestandes an die Nachwachsenden, durch den das Verhältnis der Generationen zueinander näher bestimmt wird; er formuliert schließlich die Erfahrung, daß die Angehörigen einer Generation sich nicht als Einzelne (Vater bezw. Mutter – Kind) gegenüberstehen, sondern sich in Gruppen formieren, womit das Verhältnis zu einer gesellschaftlichen Realität wird.

Dieses Phänomen ist zunächst, auf der Ebene des Allgemeinen, unproblematisch. Die erwachsene Generation, im Besitz der eine Kultur charakterisierenden Kenntnisse, Fertigkeiten, Haltungen und Verhaltensweisen, gibt diese Qualität und ihre Normen im pädagogischen Vorgang der Überlieferung an die Heranwachsenden weiter. Diese wachsen lernend in den vorgegebenen kulturellen Zusammenhang hinein. Konflikte sind die Ausnahmen und zeigen eine Störung des Normalen an. Die junge Generation stellt keine spontanen Ansprüche, die über den kulturellen Horizont der Erwachsenen hinausgehen. Die Generationen lösen nahezu bruchlos in ruhiger Kontinuität einander ab. Die Differenz zwischen beiden bleibt in allen Wiederholungen gleich, nicht nur der Form, sondern auch dem Inhalt nach; an ihr entzündet sich kein kultureller Wandel.

Diese idealtypische Beschreibung des Generationsverhältnisses trifft annähernd auf sogenannte primitive Kulturen zu.

„Wo die Kultur ein geschlossenes System von Objektivationen, der Sozialverband ein geschlossenes System gewachsener Ordnungen und das eine mit dem anderen eine integrierte, gegliederte Einheit darstellt, dort kann die Eingliederung in die tragende Generation tatsächlich ein einheitlicher und ganzheitlicher Vorgang sein." Um das Erwachsenwerden überhaupt deutlich zu markieren, wird eine dramatische Zuspitzung künstlich veranstaltet in der Initiation, die „alle Knaben der entsprechenden Altergruppe erfaßt und sie gleichzeitig in alle Gebiete des Zusammenlebens und seiner Ordnung einweist und einweiht ... Es bleibt nicht bei bloßen Belehrungen. Praktische Erprobungen erwachsenen Verhaltens, Mutproben, Züchtigungen und Kasteiungen bis zu brutalen körperlichen Deformationen gehören ebenso zum uralten Programm wie Unterricht über die magische Herkunft und Geschichte des Stammes, wie Mythen und Gottheiten, Geheimnisse des Geschlechtslebens, der Riten und Kulte, Formen und Bedeutung der Gesänge und Tänze, der Feste und Feier, Krieg, Jagd, Sterben und Zeugen, die Sippen-, Güter- und Herrschaftsordnungen der Gruppe. Wenn der Jüngling in die Stammessiedlung zurückkommt, dann ist er ... als Familienträger, Mitträger des politischen Gemeinwesens, Krieger, Jäger, Tänzer und Arbeiter in die Erwachsenenwelt aufgenommen. Er gehört ihr an mit allen Rechten und Pflichten, hat in ihr für die Dauer seinen Platz, ja − besitzt eigentlich jetzt erst, infolge der

Partizipation an den wesentlichen Objektivationen seiner Gruppe, eine Seele und individuelle (!) Existenz." (W. Beck, Grund-
züge der Sozialpsychologie, S. 67 f.).

Die hier zugrunde liegende Struktur des Generationsverhältnisses
kann insofern allgemein — oder richtiger: fundamental genannt
werden, als sie ein wesentlicher Bestandteil jeder geschichtlich
besonderen Form zu sein scheint. Auch heute versucht die Gesellschaft durch vielfältige Institutionen einen bruchlos kontinuierlichen Wechsel der Generationen zu sichern in Schulen, Prüfungen, Konfirmationen, in dem ganzen Arrangement pädagogischer
Einrichtungen, die eine reibungslose Sozialisierung des Kindes
und Jugendlichen ermöglichen sollen. Durch Bevölkerungswachs-
tum und Differenzierung der Gesellschaften aber wurde das Generationen-Verhältnis komplizierter; der Vorgang der Überlieferung
wurde erschwert und in seiner Art verändert, da das zu Lernende
nicht mehr „auf der Straße" lag, sondern durch besondere Er-
ziehungs- und Unterrichtstechniken vermittelt werden mußte. Die
Distanz der Generationen vergrößert sich. Nach Rousseau aber
— für den sich diese Distanz im Widerspruch von Natur und Gesellschaft darstellte — wurde das Generationen-Verhältnis zu
jenem Problem, das uns heute beschäftigt und unsere Erziehungswirklichkeit konstituiert.
Die erste Generation, für die das Generationen-Verhältnis als ein
Problem der Lebenspraxis auftauchte, war die Generation des
„Sturm und Drang". Die jungen Leute wollten ihr Recht, ihre
„Natur", gegen die Generation der Erwachsenen, die Repräsen-
tanten der Gesellschaft, zur Geltung bringen. Die bruchlose Kontinuität im Vorgang der Überlieferung war in Frage gestellt und
gestört. Die Jugend versuchte, dem Überlieferten eigene Normen
entgegenzusetzen und ihre Autonomie zu behaupten. Erziehung
geschieht fortan in einem Spannungsfeld zweier Generationen,
zweier Bewußtseins-Horizonte, das nicht mehr auf entwicklungs-
psychologische Phänomene reduziert werden kann. In den jeweils
neuen Ansprüchen der heranwachsenden Generation dokumentiert
sich der Wille zum kulturellen Fortschritt, der nun von der Erziehungstheorie ausdrücklich aufgenommen wird. Das Ernstnehmen
der jugendlichen Spontaneität und die reflektierende Auseinandersetzung mit ihr ist seitdem ein Grundbestandteil modernen (demokratischen) Erziehens. Das Generationen-Verhältnis ist zu einem
dialektischen Generationen-Problem geworden:

„Sagen wir, die Erziehung soll die heranwachsende Jugend so
ausbilden, daß sie tüchtig ist und geeignet für den Staat, wie

er eben ist, so würde dadurch nichts anderes geleistet werden als dieses: die Unvollkommenheit würde verewigt und durchaus keine Verbesserung herbeigeführt werden. Die ganze jüngere Generation würde mit ihrem ganzen Wesen und vollkommener Zustimmung in diese Unvollkommenheit eingehen... Wollen wir das Entgegengesetzte annehmen und ausgehend von dem Bewußtsein der Unvollkommenheit sagen, das Ziel der Pädagogik sei, daß jede Generation nach vollendeter Erziehung den Trieb und das Geschick in sich habe, die Unvollkommenheiten auf allen Punkten des gemeinsamen Lebens zu verbessern: dann kommen wir wieder in das Unbestimmte hinein, von dem fern zu bleiben unsere Aufgabe ist. Können wir die Erziehung auf das Bestehende richten und an dasselbige anknüpfen, so haben wir eine bestimmte Basis und Punkte zum Anknüpfen. Dazu kommt noch dieses, daß die Formel vielerlei Gefährliches in sich schließt. Denn wenn man es darauf anlegt, die Jugend zu lauter Reformatoren zu erziehen, so steht das wieder in dem grellsten Widerspruche damit, daß sie selbsttätig in das Bestehende mit hineingezogen werden und vielleicht auf die gefährlichste Weise eingreifen würde. Wir müssen beides miteinander vereinigen....
So wollen wir also die Formel stellen: Die Erziehung soll so eingerichtet werden, daß beides in möglichster Zusammenstimmung sei, daß die Jugend tüchtig werde einzutreten in das, was sie vorfindet, aber auch tüchtig, in die sich darbietenden Verbesserungen mit Kraft einzugehen. Je vollkommener beides geschieht, desto mehr verschwindet der Widerspruch. "
(Friedrich Schleiermacher, Pädagogische Schriften, herausgegeben von Erich Weniger, Band 1, S. 30 f.)

Was Schleiermacher für die allgemeine Pädagogik formuliert, spitzt sich jedoch erst in der Sozialpädagogik in Schärfe zu. Denn sie hat es nicht mit einer durch Institutionen in vorbestimmten Gruppen (Klassen) formierten Jugend, mit traditionell kanonisierten Lernanforderungen zu tun, sondern mit dieser Jugend selbst, mit ihren pädagogisch unvermittelten Motiven, Impulsen, Schwierigkeiten, Vorstellungen und Problemen. Wer ist diese Jugend? Die Häufigkeit, mit der diese Frage heute in Praxis und Forschung wiederholt wird, ist in der Geschichte der Erziehung ein Novum. Bemerkenswert ist außerdem der soziologische Charakter der Fragerichtung und, als pädagogische Frage, der Verzicht auf naive sittliche Wertungen; zum ersten Mal erhofft man sich allen Ernstes von einer Analyse der „Jugend" Hinweise zur Beantwortung der Frage nach pädagogischen Zielen. Das bedeutet, daß die durch den Sturm und Drang eingeleitete, von Schleiermacher dialektisch formulierte Generationen-Problematik ihren ernsthaften Sinn für die Praxis heute offenbart: Die Jugend ist im pägagogischen Prozeß der Partner geworden, dem – jedenfalls prinzipiell – ein produktiver Anteil am Erziehungsprozeß eingeräumt wird. Das ist die pädagogische Seite einer demokratischen Gesellschaft, die sich selbst für veränderungsfähig und veränderungsbedürftig hält. Je konservativer daher seine politische Haltung, umso weniger wird der Erzieher bereit sein, das Generationenproblem in seiner hier beschriebenen Form zu akzeptieren, umso geringer wird der Spielraum sein, den er der jungen Generation läßt, um eine ernst zu nehmende Produktivität zu entfalten. Von einer Dialektik in der Form des Generationenproblems kann allerdings nur gesprochen werden, wenn der Widerstand auf beiden Seiten fühlbar ist und zum Bewußtsein kommt. Das ist weder der Fall, wenn die Spontaneität der jungen Generation und ihr eigener Verhaltenshorizont als Mittel zur Durchsetzung „pädagogischer" Interessen verwandt wird, noch dann, wenn die Unsicherheit der erziehenden Generation den Heranwachsenden keinen anschaulichen und verstehbaren Widerstand entgegensetzt. Weder die „autoritäre" noch die Haltung des „laisser-faire" wird pädagogisch unserer kulturellen Lage gerecht. Wird in jenem Fall das Generationenproblem auf gefährliche Weise ignoriert, so wird in diesem der Gegensatz zwar gesehen, aber als ein unlösbares Problem resignierend umgangen, ein Problem, das unserer gegenwärtigen Gesellschaft zugehört und pädagogisch gelöst werden muß.

Neben dieser allgemeinen Schwierigkeit im Generationen-Verhältnis läßt sich eine Reihe einzelner Konfliktquellen aufzählen, die an der sehr differenzenreichen jugendkundlichen Literatur des letzten Jahrzehnts als Forschungsergebnisse hervorgetreten ist:

1. Die gegenwärtige Form des Generationen-Verhältnisses ist dadurch bestimmt, daß die Übergänge zum Status des Erwachsenen nicht sozial-eindeutig markiert sind. Schulentlassung, Konfirmation, Berufsprüfungen, Volljährigkeit liegen in einem Feld von Übergängen, die schon so viele Momente des Erwachsen-Seins enthalten, daß es schwer geworden ist, eine deutliche Sozialform jugendlichen Daseins festzustellen. Dem kommt entgegen, daß die Heranwachsenden eine besonders ausgeprägte Fähigkeit haben, sich den Leistungs- und Vollzugs-Anforderungen der Gesellschaft, besonders in der Arbeit, anzupassen. Das bedeutet: ihre persön-

lichen Entwicklungs- und Integrationsprobleme sind schwerer erkennbar geworden und soziologisch nur sehr begrenzt zu erfassen.

2. Das Verhalten der erziehenden Generation ermangelt einer deutlichen und anschaulichen Kontur. Einerseits ist das Erwachsensein weitgehend den jugendlichen Blicken entzogen; die Bewältigung der Ernst-Situationen in Beruf, Ehe, Politik sind nicht unvermittelt anschaubar — allenfalls noch im Beruf, dort aber erst zu einem Zeitpunkt, zu dem die Berufsentscheidung schon gefällt wurde; sie sind im Wesentlichen in einer durch die Massenmedien vermittelten Form zugänglich, nicht mehr als die Wirklichkeit selbst, sondern als abxtrakte Information, präparierte Meldung, stilisierter Bericht. Andererseits, bei den konkreten Begegnungen der Generationen in Familie, Schule, Betrieb, Freizeit, erscheint des Verhalten des Erwachsenen unbestimmt, vorurteilsvoll, normenlos.

3. Die Schwierigkeiten verstärken sich noch, wenn man nicht nur bedenkt, daß Pubertät und Adolenszenz durch die psychosomatischen und sozialen Übergangsphänomene spannungsvolle Gefüge sind, sondern unsere Gesellschaft den Rollenwechsel vom Kind zum Erwachsenen in besonderer Weise erschwert. Die Wandlungen in der Familienstruktur, die für den Verlauf der letzten Jahrhunderte behauptet werden, sind bei weitem nicht so tiefgreifend, wie die gleichzeitigen Veränderungen in anderen Bereichen der Kultur. Verglichen mit dem Entstehen der industriellen Arbeitsformen und der Struktur öffentlicher Kommunikation, der gesellschaftlichen Großorganisationen oder auch der neuen Form des Freizeitlebens ist die moderne Familie nur eine Variante dessen, was auch vor 250 Jahren nicht entscheidend anders war: sie ist immer noch eine kleine, von persönlichen Bindungen wesentlich bestimmte Gruppe, in der durch den jahrelangen intimen Umgang der Glieder miteinander die fundamentalen Persönlichkeitsstrukturen gebildet werden. Diese Beharrlichkeit und die gleichzeitige, der gesellschaftlichen Entwicklung gegenläufige Tendenz, das personale Moment besonders nachdrücklich auszubilden, haben dazu geführt, daß zwischen Familie und „Gesellschaft" sich im Verlauf der industriellen Entwicklung eine immer tiefere Kluft auftat, ein Widerspruch schließlich, den zu überwinden oder doch zu durchlaufen eine zusätzliche Komplikation des Heranwachsens bedeutet, da die sogenannten primären (Familie, Freundesgruppe, Jugendgruppe, etc.) und sekundären (Großorganisationen, Betriebe, Verbände, Öffentlichkeit etc.) Systeme je einen eigengearteten Verhaltensstil ausgebildet haben, deren letzterer nicht mehr aus dem ersten abzuleiten und zu verstehen ist. Diese bei-

den, in vieler Hinsicht sogar kontroversen Stile hat der Heranwachsende gleichzeitig zu praktizieren. Zudem hat auch die Schule als ein drittes System eigene Formen mit spezifischen Verhaltenserwartungen ausgebildet, weder familienkonform noch den sekundären vergleichbar. Und schließlich wird dem Jugendlichen in der Freizeit eine „Verbraucher-Rolle" zugemutet, die ihn unvorbereitet findet, die zu spielen er aber ebensowenig vermeiden kann, wie die Rollen in Familie, Beruf und Schule.

4. Daraus ergibt sich nun aber nicht nur der Zwang, umlernen, schrittweise mit immer wieder neuartigen Anforderungen fertig werden zu müssen, sondern auch die Gleichzeitigkeit der verschiedenen, heterogenen Lebensprobleme, der sogenannte „Rollenkonflikt". Allerdings scheint es fraglich zu sein, ob man diesem Phänomen wirklich Konfliktcharakter zusprechen kann. Es deutet im Gegenteil alles daraufhin, daß der Konflikt ausbleibt; und dies vermutlich deshalb, weil die Indentifizierung mit den entsprechenden Bezugsgruppen schwach ist oder garnicht erst stattfindet. Die Anpassung geschieht in der Ebene zweck-rationalen Verhaltens, ohne die Person zu betreffen. Es fällt also dem Jugendlichen leichter als dem Erwachsenen, sich auf fortwährend wechselnde Verhaltensstile einzustellen. Das bedeutet aber zugleich, daß die Bedürfnisse nach Produktivität, Engagement und Spontaneität, die offensichtlich stark genug sind, um nicht zu versiegen, keine Befriedigung finden können; es bedeutet, daß die „Selbstwerdung", die fundamentale Sozialisierung der Person, erschwert ist. Das Selbstwertgefühl stellt sich nicht im Prozeß der gesellschaftlichen Integration problemlos her.

5. Die zu erwartenden Spannungen und Konflikte treten in einer anderen Schicht als der des zweckrationalen, besonders anpassungsfähigen Verhaltens auf (das haben jedenfalls die differenzierteren Untersuchungen der letzten Jahre gezeigt); sie machen sich dort bemerkbar, wo die Person ihre eigene Bestätigung erfahren, die eigene Identität feststellen möchte, und vor allem in solchen Fällen (es sind die meisten), in denen die Kraft zum „Selber-Finden" nicht ausreicht. Dieses Selber-Finden aber ist erforderlich, da die vorgefundenen Gruppen und Rollen dem Jugendlichen wenig behilflich sind. Die Bandenbildung — zwar extrem und statistisch nicht signifikant — ist ein besonders augenfälliges Symptom dieser Generations-Schwierigkeit, denn gerade in der Bande ist es möglich, die Stabilität zu finden, die die Gesellschaft einem versagt. Wo aber der Heranwachsende nicht durch sozialschöpferische Akte sich seinen eigenen Bezugsrahmen schaffen kann, staut sich das allein gelassene Bedürfnis nach einem kontinuierlichen, innerlichen Halt; seine Fragen nach den „Idealen" bleiben

ohne Antwort; in die Diskrepanz zwischen den Generationen drin-
gen Verständnislosigkeit und Resignation ein, die keinen Widerspruch und keine Revolte mehr hervorbringen. Jargon, Under-
statement und Anpassungsfreudigkeit sind möglicherweise Kom-
pensationen und sollen die wirklichen Probleme verdecken, da
man keine Hoffnung hat, die Erwachsenen könnten bei ihrer Über-
windung helfen. Wo unsere Gesellschaft als Leistungsgesellschaft
auftritt, ist man bemüht, ihre Ansprüche in der Anpassung zu erfüllen. Die Diskrepanz der Generationen tritt auf dem Felde der
Meinungen und Wertungen hervor; sie äußert sich aber nicht
spontan als produktiv-kritischer Widerspruch, vielmehr sind die
realen gesellschaftlichen Bedingungen dazu angetan, sie als eine
private Differenz gesellschaftlich nicht zum Zuge kommen zu
lassen.

6. Die „junge Generation" ist kein einheitliches Sozialgebilde, das
es mit den durch die Sozialforschung konstatierten Zügen irgendwo gibt, außer in eben dieser Sozialforschung. Sie ist ein Ab-
straktum. In Wirklichkeit — und jedes Untersuchungsergebnis muß
wieder in sie übersetzt werden — besteht diese Generation, wie
auch die ihrer Eltern, aus einer Vielzahl sehr unterschiedlicher
Gruppen, von denen im einzelnen schwer zu sagen ist, ob sie für
die Generation repräsentativ sind oder nicht. Im Hinblick auf das
Generationsproblem hat die Statistik nur begrenzte Beweiskraft,
da die mitgeteilten Fakten Resultate eines dynamischen Prozesses
sind, in dem die verschiedensten Kräfte, Gruppen und Typen mit-
und gegeneinander wirken. 1920 hat kaum jemand die Wandervögel
für typisch gehalten; und ob es heute die Berliner- oder die Ham-
burger Jugend, die „Organisierten" oder die Fan-Clubs, die
Politischen oder die privaten Spezialisten, die Engagierten oder
Desinteressierten, die Oberschüler oder die Arbeiter sind, vermag kein Gewissenhafter zu entscheiden.

7. In der konkreten, etwa pädagogischen Begegnung der Generationen lösen sich die konstatierten „Fakten" wieder auf — in außen
und innen, Meinung und Motiv, Verhalten und Norm, Attitude und
Bewußtsein, Zustand und Bewegung — diejenigen „Fakten" nämlich,
die am Material solcher Begegnung erst gewonnen werden konnten. Nur im unmittelbaren sozialen Kontakt entsteht das Generationsproblem. Das heißt: Welche Form es hat, welche Konflikte
auftauchen oder ausbleiben, welche Einstellungen entstehen, ist
weniger von den unpersönlichen Trends der gesellschaftlichen
Entwicklung abhängig, als von den Erfahrungen, die der junge
Mensch mit seinen Eltern, Lehrern und Lehrmeistern macht. Das
Generationsproblem ist selbst ein Produkt der Erziehung, wie es
zugleich auch eine ihrer Voraussetzungen ist.

Die Sozialforschung weist uns heute in der Realität des Generationenverhältnisses nach, was zu Beginn der modernen Gesellschaftsentwicklung von der pädagogischen Theorie (Rousseau, Pestalozzi, Humboldt, Schleiermacher) teils als Forderung erhoben, teils als pädagogisches Grundproblem formuliert wurde: Der Vorgang des Überlieferns ist in seiner Struktur anders geworden; der Widerspruch zwischen Jugend und „Gesellschaft" ist in der demokratisierten Kultur offenbar notwendig für deren Bestand. Denn nur eine Erziehung, die ihn durch sich selbst ständig reproduziert, wird auch das Gleichgewicht von Sozialisation und Personalisation, Solidarisierung und Individualisierung erhalten und überliefern können. Ebenso aber, wie sich in der jungen Generation ein neues Bewußtsein und Verhalten zeigt und damit ein progressives Moment enthält, das für die Erziehung nicht ernst genug genommen werden kann, zeigen sich auch spezifische Gefährdungen, die sich aus denselben Differenzen ergeben. Daher ergänzen sich in der sozialpädagogischen Diskussion seit Jahrzehnten Optimismus und Pessimismus, Zutrauen und Sorge, die Maxime des Unterstützens und die des Schutzes und der Gegenwirkung. Die junge Generation ist sowohl „das Mutationspotential der Gesellschaft" wie auch der Ort, an dem die objektiven Probleme der Gesellschaft zum subjektiv schmerzlichen Schicksal werden können:

> Kinder und Jugendliche sind „in dem Maße potentielle Devianten..., wie ihre Sozialisierung noch nicht abgeschlossen ist. Ihre Antriebe und Erwartungen sind weder untereinander noch im Verhältnis zur Kultur völlig integriert. Sie sind für alles Mögliche offen, wie das an dem Hang zur Neuerung, an der Rolle in Revolutionen, an der Bereitschaft zum Kontakt mit fremden Kulturen zum Ausdruck kommt. Sie enthalten naturgemäß das Mutationspotential der Gesellschaft. In dem Maße, wie sie strukturell und kulturell noch nicht völlig in die Gesellschaft hineingezogen sind, können sie anders reagieren als die Erwachsenen, und in dem Maße, wie sie von dieser Möglichkeit Gebrauch machen, werden sie Kultur und Gesellschaft verändern. Die Beweglichkeit der geschichtlichen Kulturen beruht denn auch nicht zuletzt darauf, daß in ihnen zumindest für bestimmte Gruppen die Sozialisierung mehr oder weniger den Raum der Familie transzendiert, die Kultur also nicht mehr als vollständige Kopie weitergegeben werden kann und damit die nachfolgende Generation einen Spielraum gewinnt" (Friedrich H. Tenbruck, Jugend und Gesellschaft, S. 56 f.)

Die Einsicht in diese, in den Altersspannen von Pubertät und Adoleszenz besonders hervortretende Problematik bleibt auch für die Kindheit nicht ohne Konsequenz; insofern ist das Generationenproblem ein Problem des gesamten Heranwachsens in unserer Gesellschaft, das sich nicht plötzlich und unvermittelt mit dem Eintreten der Pubertät oder dem Verlassen der Schule einstellt, sondern bereits in der familiären Situation des kleinen Kindes zum Vorschein kommt. Denn vermutlich ist der betont intime und stark emotionale Charakter der modernen Familie einerseits geeignet, die Indentifikation des Kindes mit den Eltern zu fördern. Andererseits aber ist die Rolle der Eltern innerhalb der Familie nicht mehr identisch mit der Rolle der Erwachsenen in der Gesellschaft; familiäre Rolle und „gesellschaftliche" Rolle sind getrennt und differieren. Diese Diskrepanz ist die Ursache des Problems; zugleich aber macht sie es e r f o r d e r l i c h , daß die Heranwachsenden nach Autonomie, nach Emanzipation streben, (wenn auch dieses Streben heute verdecktere Formen angenommen hat). Denn nun ist eine Zwischenzeit notwendig, in der nicht nur die Indentifikation mit Vater oder Mutter, sondern die mit dem „Erwachsenen" überhaupt, wie mit seinen bestimmten Ausprägungen in den verschiedenen Bereichen der Gesellschaft, vorbereitet werden und vonstatten gehen kann. Die Altersgruppe erfüllt darin eine notwendige Funktion.

S. N. Eisenstadt (Von Generation zu Generation) wendet in seinen Analysen diesem Problem sein Interesse zu. Er stellt fest, daß die für moderne Gesellschaften charakteristische Diskrepanz zwischen Familie und Gesamtgesellschaft das Jugendproblem und die besondere Form moderner Altergruppenbildung hervorgebracht hat. Die Bedingungen dieser Diskrepanz sieht er in der Entwicklung einer „universellen, an Leistung und Spezialistentum orientierten Arbeitsteilung". Das moderne Jugendproblem entsteht und verbreitet sich infolgedessen in dem Maße, wie die Familie aufhört, die Verbrauchsgüter zu produzieren und daher in der Lage zu sein, die gesamtgesellschaftliche Struktur zu repräsentieren. „Es besteht also in keiner modernen Gesellschaft eine vollständige Übereinstimmung zwischen den Strukturprinzipien und Werten der Familie und denen der Gesamtgesellschaft. Trotz einer festen Verbindung zwischen der Familie und anderen sozialen Bereichen, die am stärksten in den Statusbestrebungen der Familie ausgedrückt werden, ist die volle Realisierung von Solidaritätsorientierungen in modernen Gesellschaften nicht immer in den wirtschaftlichen, beruflichen und selbst nicht in den politischen Bereichen möglich. Wenn auch persönliche und familiäre Beziehungen in der Weckung und Unterstützung von Orientierungen an den allgemeinen Regeln moralischen Verhaltens, die für den Konsensus in modernen Gesellschaften so wichtig sind, eine große Rolle spielen, so sind sie doch als solche ... in dieser Hinsicht nicht voll adäquat. Deshalb ist der Übergang von der Familie zur Gesamtgesellschaft notwendigerweise mit ernsten emotionalen Schwierigkeiten verbunden, und er erfordert eine Neubestimmung und Umformung der individuellen Rollenerwartungen" (S. 300).

Da die Schule in dieser Situation nur eine partielle Lösung sein kann, sind die freien jugendlichen Gesellungsformen für die gesellschaftliche Integration ein unerläßliches pädagogisches Feld. Denn „In der früheren, traditionellen sozialen Umwelt konnten sie (die jüngeren Familienmitglieder) ihre Identität durch spezifische Formen der Interaktion mit den Mitgliedern älterer Generationen entwickeln. In der neuen Situation gibt ihnen diese Interaktion jedoch keine solche Sicherheit mehr... Die jüngeren Leute beginnen gewöhnlich, nach einer neuen Identifikation zu suchen. Früher oder später manifestiert sich diese Suche in einem ideologischen Konflikt mit der älteren Generation als solcher, in der ideologischen Identifikation mit der Jugend, mit jungen Menschen als einer besonderen kulturellen Kategorie" (S. 175). Dieser Widerspruch der jungen Generation gegen die ältere kann sowohl zu einer neuen Integration der Persönlichkeit wie auch zum Mißlingen führen. Wichtig ist, daß hier eine spezifische Weise jugendlicher Identifikation in den Kulturzusammenhang eintritt.

Diese besondere Form des Generationen-Verhältnisses legt es nahe, eine Reihe von Problemen in den Vordergrund der Erziehungstätigkeit zu rücken, die hier als Maximen formuliert werden sollen:

1. Den Emanzipationstendenzen der heranwachsenden Generation soll Raum gegeben werden, und zwar mit fortschreitendem Alter in zunehmendem Maße.
2. Das Begegnungsfeld der Generationen soll mit dem Alter zunehmend autoritätsärmer werden. Das gelingt nur, wenn schon vom Beginn der Entwicklung an der Erwachsene seine Autorität mit großer Zurückhaltung ins Spiel bringt.

3. Der Vorgang des Überlieferns soll immer auch ein Verändern des Überlieferten sein, und zwar nicht als bewußtloser Prozeß, sondern in der ausdrücklichen Anerkenntnis, daß die Spontaneität der jungen Generation einen produktiven Beitrag darstellt, auch dort, wo die erziehende Generation nicht mehr folgen kann.

4. Der Erwachsene soll nicht hinter Verstehen, Zurückhaltung und Skepsis verschwinden, sondern in Verhalten und Worten deutlich anschaubar sein. Wenn er den Widerspruch der jungen Generation zuläßt und ihn ermutigen will, ist die Voraussetzung dafür die Vernehmbarkeit seines eigenen Spruches und Widerspruchs.

5. Das Generationenproblem beginnt im Kinderzimmer und nicht erst im Jugendheim oder vor dem Fürsorger.

3. Gesundheit, Gefährdung, Verwahrlosung

Sozialpädagogik als Praxis geschieht im Spannungsfeld zwischen einem unauffälligen sozial integrierten Verhalten und den vielen Formen von Abweichungen, die in unserer Gesellschaft anzutreffen sind. Daß diese Spannung als ein pädagogisches Problem gesehen und in den Bereich erzieherischer Verantwortung einbezogen wurde, war eines der wichtigsten Motive für die Entstehung der Sozialpädagogik und bis heute ist es eines ihrer Grundprobleme geblieben. Es scheint zu den Merkmalen unserer Gesellschaft zu gehören, daß die Zahl derer groß ist, die auffällig werden, denen es nicht gelingt, mit ihrer Lebensführung in einer von allen akzeptierten Weise fertig zu werden, die auf Abwegen ihre Bedürfnisse zu befriedigen suchen oder gar überhaupt abwegige Bedürfnisse haben. Jedenfalls ist es der industriellen Gesellschaft bisher nicht gelungen, dasjenige einzudämmen, was sie den „Anstieg von Verwahrlosung und Kriminalität" oder auch „die Gefährdung des Heranwachsenden" nennt.

Um die Abweichungen beim Namen nennen zu können, ist es offenbar notwendig zu wissen, was das Normale ist, von dem in solchen Fällen abgewichen wird. Nun ist aber auffallend, daß es eine sehr ausgedehnte Fachliteratur zum Problem der Verwahrlosung und Kriminalität gibt, daß über Gefährdung viel geredet wird, daß wir aber auf der Suche nach einem präzisen Begriff des „Normalen" oder nach Versuchen, es annähernd zu beschreiben, fast ergebnislos suchen müssen. Das Wissen von dem Normalen ist anscheinend ein nicht reflektiertes Wissen; und selbst die Reflexion stößt bei dem Versuch, das „Normale" zu fassen und zu formulieren, auf große Schwierigkeiten. Physische und psychische Gesundheit scheint, ihrer Natur nach, ein vorbewußter Zustand zu sein, dessen Art, Inhalt und Wert erst aus der Erfahrung des Gegenteils hervorzutreten beginnt. Es ist leichter, die Abweichungen zu bezeichnen, da sie jedermann anschaulich vor Augen treten, als detailliert die Normen anzugeben, die das gewöhnliche, gesunde, normale Dasein auszeichnen. Die Frage nach dem, was normal ist, taucht daher auch erst auf, wenn die Häufigkeit abweichenden

Verhaltens zwingt, dieses zu bestimmen, seine Ursachen zu finden, Gegenmaßnahmen zu treffen und die verstehende und erklärende Beschäftigung mit diesem Phänomen sich schließlich auch jenem zuwendet. Wenn außerdem das Abnorme – auch in seinen mildesten Formen – beschrieben und erklärt werden muß, um helfen und heilen zu können, so bedarf das Normale – wenigstens in gewissem Umfange – solcher Selbstaufklärung nicht. Im Gegenteil: Wenn es dennoch Gegenstand zergliedernder Analyse wird, kann dàs u. U. als ein Zeichen dafür gelten, daß es schon nicht mehr für das fraglos und selbstverständlich Normale gehalten wird: Wir beginnen deshalb mit dem offenbar am ehesten präzisierbaren Problem, dem der Verwahrlosung.

Was ist Verwahrlosung? Die ersten Antworten, die in der Geschichte der Sozialpädagogik auf diese Frage gegeben wurden, waren einfach und naiv, zudem für jedermann einleuchtend und eindeutig. Im Begriff Verwahrlosung faßte man alle jene Merkmale zusammen, die einen oder viele Menschen kennzeichneten, welche sich nicht so verhielten, wie man es gewöhnt war: Menschen, die nicht in die Kirche gingen, die oft in der Schänke saßen, viel tanzten, häufig den Ort wechselten, keinen festen Beruf hatten; Jünglinge, die ihrem Meister nicht auf's Wort gehorchen mochten, der Obrigkeit nicht die schuldige Achtung erwiesen, dem Kartenspiel frönten; Kinder, die bettelten, ohne Eltern herumzogen, die Schule vermieden; schließlich jede Art unehrenhaften Gesindels, das nirgends zu Hause war, sich in die neu entstehenden Großstädte verzog, die Schule oder Handwerkerehre gering achtete, Diebe, Brandstifter, Betrüger, dem Genuß und dem Laster Verfallene, herkömmlicher Sitte und bewährtem Brauchtum Entfremdete. Wer diese alle unter dem Begriff der Verwahrlosten subsumierte, urteilte naiv und richtig; naiv, weil er sich nicht zu heiklen Reflexionen über die Gültigkeit seines Urteils, gar zu selbstkritischer Prüfung der Bedingungen seiner eigenen Meinung veranlaßt sah; richtig, weil Verwahrlosung immer die Abwesenheit einer – inneren oder äußeren – Ordnung, einer Regelhaftigkeit des Daseins bedeutet, deren Gültigkeit angenommen werden muß, soll der Begriff sinnvoll sein.
So einfach aber das Problem zunächst zu sein scheint, es wird sehr kompliziert, wenn ernsthaft und kritisch nach den Ursachen und den Behandlungsmethoden gefragt wird. Eine Verhaltensabweichung lediglich zu beschreiben, ihre Diskrepanz mit den geltenden Normen zu bezeichnen, ist unbefriedigend für den, der solche Abweichungen rückgängig machen will, vor allem, wenn sich mit den Überlegungen eine Skepsis gegenüber traditionellen

pädagogischen Mitteln oder gegenüber der Gesellschaft verbindet. Die Frage, was ist Verwahrlosung?, bleibt nicht mehr naiv, sondern sie wird zu einer kritischen Frage, die von der Wissenschaft beantwortet werden soll. Das hat zur Folge, daß nun auch bestimmte Ursachenkomplexe in den Verwahrlosungsbegriff mit eingehen. Es zeigt sich nämlich, daß verschiedene Verwahrlosungen höchst unterschiedliche Erscheinungen sein und auf mindestens ebenso unterschiedliche Ursachen zurückgeführt werden können. In die Beantwortung der Frage teilen sich daher auch die verschiedensten Wissenschaften vom Menschen. Medizin, Psychopathologie, Psychiatrie, Tiefenpsychologie, Entwicklungspsychologie, Jurisprudenz, Pädagogik. Wir lassen einige Definitionen folgen:

R e i c h e r definiert Verwahrlosung als einen „Zustand der Erziehungsbedürftigkeit infolge vernachlässigter Erziehung..., der sich darin äußert, daß das verwahrloste Kind es an der in seinem Alter sonst üblichen sittlichen Reife fehlen läßt und damit zu einer Gefahr für weitere Kreise und die Allgemeinheit wird". – G r u h l e erweitert diesen Begriff dadurch, daß er festsetzt, Kinder seien dann verwahrlost, wenn sie nicht das Mindestmaß derjenigen Erziehung erfahren, die ihrer Anlage entspricht. – G r e g o r definiert ausschließlich von der Verhaltensnorm her, wenn er von Verwahrlosung als einem „moralisch abwegigen Verhalten" spricht, dem allerdings auch eine bestimmte seelische Verfassung entspreche. – Ähnlich meint R e h m, daß Verwahrlosung in einer „Lockerung des sittlichen Haltes" bestehe. – Für C i m b a l ist Verwahrlosung „eine soziale Neurose, eine Erkrankung der Persönlichkeit"; für E y f e r t h dagegen, der dies als Schwererziehbarkeit von Verwahrlosung unterscheidet, besteht sie in mangelhafter Sozialisierung, zurückzuführen auf das „Fehlen von notwendigen Forderungen"; er unterscheidet so den Asozialen (Verwahrlosten) vom Dissozialen (Schwererziehbaren). – T ö b b e n bezeichnet als Verwahrlosung (hier im Unterschied zur körperlichen die geistige Verwahrlosung) die „Erschütterung des seelischen Gleichgewichtes in dem Sinne, daß das Triebleben aus den verschiedensten Ursachen heraus die Gesamtpersönlichkeit richtunggebend und einseitig beeinflusse und eine Entgleisung von dem geraden Wege der geordneten Lebensführung herbeigeführt habe". – O p i t z bestimmt sehr allgemein Verwahrlosung „als eine abnorme seelische Erlebnisreaktion". – „Verwahrlosung ist eine gewisse triebbedingte Unordentlichkeit, etwas Chaotisches, ein gewisses Auseinandergleiten der Persönlichkeit, weil kein persönlicher Mittelpunkt und keine Grundsätze vorhanden sind, die einer objektiven Wertordnung entsprechen" (B o p p) – „Wesentlich für alle seelische Verwahrlosung ist die Hemmungslosigkeit der Ich- und Geschlechtstriebe, die wegen der Ungehemmtheit zwangsläufig zu einem gemeinschaftswidrigen Handeln führen" (T u m l i r z). – V i l l i n g e r nennt Verwahrlosung „eine abnorme charakterliche Ungebundenheit und Bindungsunfähigkeit, die auf eine geringe Tiefe und Nachhaltigkeit der Gemütsbewegung und Willensstrebungen zurückgeht und zu einer Lockerung der inneren Beziehung zu sittlichen Werten – wie Liebe, Rücksicht, Verzicht, Opfer, Recht, Wahrheit, Pflicht, Verantwortung und Ehrfurcht – führt. " – Die Vielfalt der Bestimmungen ist verwirrend, z. T. deshalb, weil sie an je andersartigen Fällen gewonnen wurden. Dieser Situation trägt die Definition von W . M o l l e n h a u e r Rechnung, die das Gemeinsame der vorangegangenen herausstellt und den vorgängigen Sprachgebrauch mit den logischen Anforderungen, die an eine Bestimmung des Begriffs zu stellen sind, u. E. auf glückliche Weise verbindet: „Mit Verwahrlosung kennzeichnet man Zustände, die unterhalb einer als feststehend vorausgesetzten Norm liegen. Insbesondere werden als verwahrlost Kinder und Jugendliche bezeichnet, die aus der Bewahrung in einer festen, sie tragenden und schützenden Lebensordnung herausgefallen sind oder die sich anders verhalten, als es den üblichen und altersgemäßen Normen entspricht;" zugleich handelt es sich um einen „abgesunkenen Gesamtzustand der Persönlichkeit. "

Neben dem Bezug auf ein System von Verhaltensnormen wohnt allen diesen Bestimmungen des Begriffs Verwahrlosung der Ansatz bei einem bestimmten Ursachenkomplex inne. So scheint die Divergenz der Begriffe im Phänomen „Verwahrlosung" ihren Grund zu haben, und es wäre demnach sinnvoll, ein Wort, das so Unterschiedliches zusammenfassen soll, in der Fachsprache fallen zu lassen; denn nicht nur bestimmte Ursachen, sondern ebenso die dadurch bedingte Behandlungsart wird ja durch den so oder so bestimmten Begriff ins Auge gefaßt. Wenn man den Begriff vermiede und in seine Aspekte auflöste, wäre offenbar für die Präzisierung des Problems viel gewonnen. Konsequent schrumpft das Wort „Verwahrlosung" in der Fachliteratur auch häufig zu grober Angabe der Thematik zusammen, während die Erörterungen und Darstellungen selbst sich mit den mannigfachen Differenzierungen beschäftigen, die Verhaltens- und Charakterabweichungen in psychologisch oder psychiatrisch genau beschreibbaren Klassen zusammenstellen.

So behandelt etwa Gottschaldt unter dem Titel Verwahrlosung: Verzögerungen in der allgemeinen Reifung der psychophysischen Persönlichkeit, passive Verwahrlosung von Schwachsinnigen, Psychopathische Fehlentwicklungen, Verwahrlosung durch Mangelsituationen, neurotische Fehlentwicklungen, Entwicklungsprägungen durch verwahrloste Lebensumstände. — Tumlirz gliedert nach typischen Kombinationen, die er bei den von ihm untersuchten Fällen antraf, wobei unklar bleibt, ob es ihm dabei auf eine Symptomatologie oder auf Ursachen-Konstellationen ankommt: Denkschwäche und Willensstärke, Denkschwäche und Haltlosigkeit, Denkschwäche und Triebhaftigkeit, normale Denkfähigkeit und Gefühlskälte, pathologische Willensschwäche, umweltbedingte Verwahrlosung, Verführung, Verwahrlosung durch Gehaßt-Werden. — Die immer wieder aufgezählten Ursachen der Verwahrlosung sind so vielfältig, und umfangreich, daß sie beliebig auch als Ursachen der „Schwererziehbarkeit", von „psychogenen Erkrankungen" oder „Verhaltens- und Charakterstörungen" nachgewiesen werden können. Analoges gilt von den Symptomen. „Verwahrlosung" löst sich so in eine Fülle von Einzelphänomenen auf, die, von der Psyche des Einzelnen her gesehen, kaum noch unter einem Begriff zusammengefaßt werden können: Neurotisch bedingte Fehlentwicklungen, psychopathische Fehlentwicklungen, Charakterstörungen, psychogene und physiogene Erkrankungen, entwicklungsbedingte Krisenphänomene, Persönlichkeitszerfall — um nur einige, sich teils überschneidende Aspekte zu nennen, mit deren Hilfe man versucht, die Mannigfaltigkeit zu gliedern. Die Literatur zeigt, daß ein Begriff von Verwahrlosung auf psychologische Weise offenbar überhaupt nicht zu gewinnen ist.

Indessen ist auffällig, mit welcher Hartnäckigkeit alle am Problem Beteiligten, allen voran der Gesetzgeber, an dem Wort Verwahrlosung festhalten. Mit ihm kann offenbar etwas bezeichnet werden, das in den psychologischen Analysen nicht aufgeht. Besonders nach den beiden Weltkriegen wurde deutlich, daß mit Verwahrlosung nicht eigentlich ein in die psychologischen Disziplinen gehörendes Phänomen, sondern ein sozialpädagogisches Problem benannt werden sollte, analog der sozialpädagogischen Ausgangslage im 19. Jahrhundert, wie wir sie oben skizziert haben: Der Begriff Verwahrlosung ist nur sinnvoll in Bezug auf den, von dem er abgeleitet ist, in Bezug auf „Verwahrung" oder eine – wie auch immer verstandene – geordnete Existenz. Dieser Komplementär-Begriff ist aus der Aufzählung der Verwahrlosungserscheinungen, die wir aus der Literatur des 19. Jahrhunderts referierten, leicht zu gewinnen. Versuchten wir das Gleiche aber für unsere Gegenwart, so stünden wir vor ungleich größeren Schwierigkeiten. Paul Moor bestimmt:

> „Mit dem Gegebenen muß er (der Mensch) rechnen, er bleibt an seine Bindungen gebunden, er kann nichts daran ändern. Im Rahmen des Spielraumes aber, den ihm das Gegebene läßt, liegt es an ihm, ob er die Aufgabe erfüllt oder der Verheißung teilhaftig wird. Wenig mag ihm möglich sein, die Aufgabe ist vielleicht klein und die Verheißung dürftig; immer aber kommt es darauf an, daß er die Möglichkeit wahrnehme, die Verheißung erkenne und an sie glaube und die Aufgabe auf sich nehme und sich um sie bemühe ... Für alle Mängel, Unvollkommenheiten und Verfallserscheinungen, die daraus hervorgehen, daß unterblieb, was an Aufgegebenem und Verheißenem möglich gewesen wäre vom Gegebenen her, brauchen wir die Bezeichnung Verwahrlosung." (P. Moor. Grundlagen der Heilpädagogik.).

Dreierlei ist an dieser Bestimmung wichtig: 1. In ihr kommt die Schichtung des Problems zur Sprache zugleich mit der Abhängigkeit der verschiedenen Schichten voneinander; 2. Verwahrlosung erscheint als ein Phänomen, das nur von einem kulturellen Horizont her angemessen bestimmt werden kann; 3. Verwahrlosung ist in erster Linie ein pädagogisches Problem, Verwahrlosung ist ein pädagogischer Begriff, mit dem die Diskrepanz zwischen der Wirklichkeit und der Möglichkeit eines Menschen bezeichnet werden soll. Was möglich ist, wird vom Gegebenen begrenzt, vom „Aufgegebenen" her gefordert. Ob ein Mensch verwahrlost ist, vermag nur der zu entscheiden, der das „Aufgegebene" und das „Verheißene" kennt. D. h.: Verwahrlosung läßt sich nicht auf Anhieb konstatieren; um sie zu erkennen, bedarf es einer gründlichen Analyse der pädagogischen Situation. Nicht ein bestimmtes, vielleicht auffallendes und dem Betrachter subjektiv als abweichend von s e i n e r Norm erscheinendes Verhalten darf schon als Verwahrlosung gelten; sondern erst der Nachweis der Differenz, die zwischen dem, was dem Menschen seinem psycho-sozialen Bestand nach möglich war und dem, was er faktisch erreicht hat, berechtigt zu dem Urteil „verwahrlost".
Die Schwierigkeiten des Verwahrlosungsbegriffs sind aber damit

nicht behoben, sondern umgangen. Jetzt kann nämlich Beliebiges als Verwahrlosung bezeichnet werden, je nach dem, was dem Betrachter als das „Aufgegebene" erscheint. Nicht nur Einzelne in Bezug auf eine Gruppe, sondern auch Gruppen, Stände, Klassen, ganze Kulturen oder Gesellschaften, schließlich „der moderne Mensch" können in diesem Rahmen als verwahrlost gelten. Der Begriff könnte sich schließlich als ein theologischer herausstellen. Er ist aber ein Begriff mit Rechtsfolgen (JWG §§. 64 ff). Es dient weder einer präzisen Theorie noch der praktischen Brauchbarkeit, wenn es zwei voneinander abweichende Bedeutungen des Wortes gibt. Allerdings hat auch der im Gesetz verwendete Begriff nicht die Festigkeit und Präzision, die man von ihm verlangen könnte. Die erfahrungswissenschaftliche Detaillierung der „Verwahrlosungs"-Phänomene und die gleichzeitigen gesellschaftlichen Veränderungen haben dahin geführt, daß nicht nur das Bewußtsein von dem, was als Verwahrlosung bezeichnet werden kann, sondern auch von ihrem Bezugsrahmen, von dem, was als geordnete Existenz zu gelten habe, mit Skepsis durchsetzt ist. Nur so ist auch die Ungenauigkeit möglich, mit der bisweilen pauschal von der Verwahrlosung der Erziehenden, von der verwahrlosten Gesellschaft gesprochen wird und damit ein gleichsam theologisches Moment in den Begriff eindringt. Der Verwahrlosungsbegriff ist pädagogisch nur brauchbar, wenn durch ihn die geltenden und faktischen Ordnungen und Verhaltensnormen als „nicht verwahrlost" angenommen werden. Das gilt, auch wenn häufig Uneinigkeit darüber bestehen mag, ob ein konkretes Verhalten noch als normal oder schon als abweichend bezeichnet, ob es an einer scheinbar im Schwinden oder an einer scheinbar im Entstehen begriffenen Norm gemessen werden soll. Ohne diesen sozialen Bezugsrahmen aber wäre der Verwahrlosungsbegriff leer, pädagogisch bedeutungslos, und es wäre besser, an seiner statt die psychologisch gewonnenen detaillierten Einteilungen zu verwenden. Verwahrlosung gibt es nur, wo es Kultur gibt. Verwahrlosung als ein pädagogisches Problem taucht nur dort auf, wo bestimmte Aufgaben unbewältigt bleiben, verfehlt oder überhaupt nicht gesehen werden; wo es nicht gelingt, einen gegebenen Bestand von Anlagen und Dispositionen mit den Normen, dem Aufgaben-System der Gruppen einer Kultur in ein gültiges Verhältnis zu setzen. Dieses Mißlingen ist das Wesentliche. Mit dem Begriff kann nicht die Beziehung psychologisch erkennbarer Ursachenkomplexe zu Verhaltens- oder Charakterabweichungen als ihren Wirkungen beschrieben werden, sondern nur das pädagogische Problem bezeichnet werden, das sich ergibt, wenn die erzieherische „Kultivierung" der Person mißlungen ist.

Mit der Skizzierung der Probleme, die sich aus den Verwahr-
losungs-Phänomenen ergeben, ist nur eine Seite sozialpädagogischer Wirksamkeit genannt: Sozialpädagogik als Nachholen von
Versäumtem. Alles, was in der Jugendpflege, der Jugendsozialarbeit, der vorschulischen und schulbegleitenden Kinderpflege, im
Jugendschutz geschieht, setzt nicht bei schon eingetretenen Schäden ein, sondern ist legitimer Bestandteil der „normalen" Erziehungswege und Erziehungshilfen. Aber schon, daß wir von Hilfen
sprechen, zumal von außerfamiliären und außerschulischen, von
öffentlichen Erziehungshilfen, deutet ein Problem an. Offenbar
ergibt sich das „Normale" nicht gleichsam von selbst; es muß
hergestellt und seine Herstellung muß gesichert werden. Es befindet sich in der Gefahr, beschädigt zu werden. Damit geschieht
alle Sozialpädagogik angesichts von Gefährdungen. Die Sorge um
die Gefährdung der Jugend, der Versuch, die Gefahr abzuwenden,
die Gefährdung einzudämmen, ist das entscheidende und alle
Sozialpädagogen verbindende Motiv ihrer Arbeit.
Was ist Gefährdung? Die Häufigkeit, in der das Wort Verwendung
findet, die Selbstverständlichkeit, mit der es gebraucht wird und
die Einmütigkeit, die über das damit Gemeinte offenbar herrscht,
läßt die Frage trivial und überflüssig erscheinen. Indessen erhebt
sich auch Verdacht gegen den Begriff. Ist er geeignet, einen
objektiven Sachverhalt zu bezeichnen? Drücken sich vielmehr in
ihm nicht nur subjektive Meinungen, Vermutungen, Wünsche aus,
deren Quelle das bloße Unbehagen ist? Liegt damit die Bestimmung
dessen, was jeweils als Gefährdung erscheint, in der Willkür der
Vorlieben und Abneigungen des Einzelnen? Kurz: handelt es sich
um einen ideologischen Begriff, den man besser nicht verwendet?
Ist die Rede von der „Gefährdung der Jugend" eine Täuschung?
In der Tat: Da der Begriff – wie auch der Begriff „Verwahrlo-
sung" – eine Wertung enthält, ist er an Normensysteme gebunden.
Den traditionsorientierten bürgerlichen Menschen erscheinen an-
dere Phänomene gefährdend als der Industriearbeiterschaft; der
Kleinstädter hält die neonbeleuchtete Großstadtstraße, wer eine
Abneigung gegen das Kino hat, den Film für gefährdend. In der
gleichen Weise können die Industriearbeiter, Berufstätigkeit der
Mütter, Fernsehen, Wohlstand, Armut, „Schmutz- und Schund"-
Literatur, autoritative Erziehung, schließlich überhaupt „die
moderne Gesellschaft" als Faktoren der Gefährdung bezeichnet
werden. Sie erscheinen als Hindernisse, die dem „Selbst-Werden"
des Menschen im Wege stehen, die es vereiteln oder den Entwick-
lungsgang des Heranwachsenden auf Abwege zu drängen in der
Lage sind. Dem gesunden Aufwachsen droht durch sie Gefahr.
Aber was ist „gesundes Aufwachsen"? Unschwer lassen sich viele

dieser Urteile als gesellschaftlich bedingte Vorurteile erkennen, die dadurch zustande kommen, daß ein unserer gesellschaftlichen Lage unangemessener Begriff von sozialer Gesundheit zugrunde gelegt wird; sie sind der Niederschlag eines vom Urteilenden selbst nicht kontrollierten und reflektierten Unbehagens an der gegenwärtigen Kultur.

> „Der Kampf der Erwachsenen gegen die Gefährdung der Jugend, als die ihnen das neuartige Verhalten erscheint, ist ... häufig genug nicht viel mehr, als ein Kampf um die Grundlage ihrer eigenen Sicherheit" (Heinz Kluth, Die Stellung der Jugend in der industriellen Gesellschaft; in: Die Jugend in den geistigen Auseinandersetzungen unserer Zeit, Göttingen 1962).

Solche Kritik an der Rede von der Gefährdung trifft allerdings nur eine Schicht des Phänomens, nur die ideologisch motivierten Urteile, ihren Gültigkeitsanspruch; sie trifft nicht den Sinn dieser Rede. Denn obschon die Meinungen über das, was als gefährdend zu gelten und woran sich das Urteil zu orientieren habe, auseinandergehen — daß es das Phänomen, daß es Gefährdungen im Prozeß des Heranwachsens überhaupt nicht gebe, zu solcher Behauptung würde auch der ideologie-kritischste Soziologe sich kaum entschließen. Wir müssen deshalb fragen, ob sich ein Konsensus herstellen läßt über das, was im Erziehungsprozeß sinnvoll als Gefährdung bezeichnet werden kann.

Wir können vorläufig unter dem Begriff Gefährdung eine Konstellation von Faktoren verstehen, die im ungünstigen Falle eine Gefahr für den Heranwachsenden vermuten (im Sinne des § 1 JWG) und eine Deformation der jungen Person erwarten lassen.

Gefährdungen sind in der Regel latent und machen sich erst durch die Dauerhaftigkeit ihrer Einwirkungen bemerkbar. — Der ideologische Faktor ist damit noch nicht ausgeschlossen; er läßt sich aber reduzieren, wenn wir verschiedene Schichten des Phänomens unterscheiden, deren erste dem subjektiven Meinen am wenigsten, deren letzte ihm am meisten ausgeliefert ist:

1. Gefährdung durch physische Mängel; 2. Entwicklungsbedingte Gefährdung (Phasenübergänge, Trotzalter, Pubertät); 3. Gefährdungen durch besondere soziale Leistungsanforderungen, auf die aber nicht verzichtet werden kann; (Schuleintritt, Prüfungen, Berufswahl, Berufswechsel, etc); 4. Gefährdung durch die individuellen Bedingungen des Heranwachsens (sozialer Status, elterlicher Erziehungsstil, familiäre Situation, Wohnverhältnisse, Schul- und Arbeitssituation); 5. Gefährdung durch Faktoren der

„Öffentlichkeit" (Freizeitsituation, Film, Fernsehen, Reklame, „Schmutz- und Schund", Reizüberflutung, etc); 6. Gefährdung durch die Struktur der gegenwärtigen Gesellschaft (Verhaltenszwänge, Anonymität, Verfrühung, Überforderung, Diskrepanz zwischen primären und sekundären Gruppen, Verhaltensunsicherheit der Erwachsenen, Spezialisierung, etc.).

Zweifellos ist die letzte Schicht die fragwürdigste. Ob wirklich die der Erwachsenengeneration als besondere Gefährdungen erscheinenden Phänomene der modernen Gesellschaft auch für die Jugend als solche wirksam werden, ist kaum festzustellen. Es wäre überdies unbillig, dieser Gesellschaft besonders vorzuwerfen, wovon keine Gesellschaft gänzlich frei ist: daß sie die Utopie eines glücklichen Daseins nicht vollkommen zu verwirklichen imstande ist. Dies gilt besonders für Gesellschaften, die sich im Umbruch befinden. Ähnlich unsicher sind auch die Behauptungen über die Gefährdung durch die „Öffentlichkeit", obwohl hier die Meinung schon mit nachprüfbaren Forschungsergebnissen hin und wieder gestützt und damit zu einem wohlbegründeten Urteil werden kann. Trotzdem ist es schwierig, bloße Befürchtungen und wirklich eintretende Gefährdungen immer auseinanderzuhalten. So erhöht sich, wachsend bis zur ersten „Schicht" die Erkennbarkeit des Wirklichen und die Möglichkeit sachlicher, diagnostischer und prognostischer Urteile.
Es fehlt in unserer Erörterung noch der Maßstab, an dem gemessen eine Einwirkung als gefährdend bezeichnet werden soll und der für alle 6 „Schichten" gelten kann, gleichgültig ob es sich nun um eine Organminderwertigkeit oder ein politisches System handelt. Dieses, allen Äußerungen zu unserem Problem zugrunde liegende und einen Konsensus in dieser Frage darstellende Kriterium ist Autonomie und Initiative. Wo und wie auch immer diese beiden unentwickelt zu bleiben oder geschwächt zu werden drohen, sprechen wir von Gefährdungen des Menschen im sozialpädagogischen Sinne dieses Wortes. Wir haben damit zugleich formelhaft das Minimum dessen benannt, das als „Normalität" oder psychosoziale „Gesundheit" gelten kann. Zugleich wird deutlich, daß es unmöglich ist, das verbindliche Maß anzugeben, in dem Autonomie und Initiative verwirklicht werden sollen. Nur daß der Mensch ihrer überhaupt fähig werde, läßt sich verbindlich fordern. Anlagen, soziale Herkunft, sozialer Status, Gruppenzugehörigkeit, intellektuelle Ausbildung ermöglichen und begrenzen die Verwirklichung und enthalten je ihr besonderes Maß. Nur wenn ein Zurückbleiben hinter diesem droht, kann von Gefährdung die Rede sein.

Es wäre aber eine Täuschung, wollte man annehmen, dieses Maß sei stabil, definitiv zu beschreiben, im Sinne einer fixierten Norm deutlich und anschaulich. Autonomie und Initiative, Reflexion und Engagement, Kritik und Produktivität haben von sich selbst her die Tendenz, immer weiter fortzuschreiten, also auch die Begrenzung etwa durch den sozialen Status aufzuheben. Wollte die Sozialpädagogik ihre begrenzte Form jeweils zum Maß für die zu erreichende Normalität setzen, würde sie das Kriterium selbst aufgeben. Deshalb muß das im Erziehungsvorgang wirksame Kriterium immer schon das „Normale" übersteigen.

In diesem Sinne kann alles, was in der sozialpädagogischen Diskussion als Gefährdung bezeichnet wird, auch wirklich von dieser Art sein, obwohl es uns morgen schon nicht mehr so erscheinen mag. Was Autonomie und Initiative hemmt, ist nicht ein für alle mal und nicht für jedermann gleich festzustellen; Es ist veränderlich in einer veränderlichen Gesellschaft. Das gilt auch für die Meinungen über das, was „normal" sei. Auf die eigenen Deutungen des Erziehers kann die Gesellschaft nicht verzichten, da sich erst aus dem Zusammenspiel der verschiedenen Positionen die Gestalt von morgen ergeben soll. Die Divergenzen im Hinblick auf das, was heute als ein sozial gesundes Dasein oder als Gefährdung dieses Daseins gelten könne, sollen und können nicht zum Verschwinden gebracht werden. Ohne eine kritische Aufklärung des Urteilenden aber können sie selbst zu Gefährdungen werden, die den öffentlich beklagten kaum nachstehen, weil sie Vorurteile und Zwänge in die Erziehung einführen oder an ihnen festhalten, die gerade verhindern, was sie ermöglichen wollen: Autonomie und Initiative.

Literaturhinweise

Zur Auseinandersetzung um den Begriff der Sozialpädagogik und zur sozialpädagogischen Theorie:

Blum, R.	Soziologische Konzepte der Sozialarbeit. Mit besonderer Berücksichtigung des Social Casework; Freiburg 1964
Eyferth, H.,	Sozialpädagogik; in: Pädagogik im XX. Jahrhundert, hersg. von W. Scheibe, Stuttgart 1960
Nohl, H.	Jugendwohlfahrt; Leipzig 1927
Siegel, E.	Sozialpädagogik; in: Pädagogische Lexikon, hersg. von H.-H. Groothoff und M. Stallmann, Stuttgart 1961
Wilhelm, Th.	Zum Begriff „Sozialpädagogik"; in: Zeitschrift für Pädagogik, 3. Jg. 1961, S. 226 ff.

Zur Geschichte der Sozialpädagogik:

Handbuch der Pädagogik, hersg. von H. Nohl und Ludwig Pallat, Bd. V „Sozialpädagogik", Langensalza 1929

Mollenhauer, K.	Die Ursprünge der Sozialpädagogik in der industriellen Gesellschaft; Weinheim 1959
Nachbauer, K.	Über den pädagogischen Gehalt der Jugendwohlfahrtspflege; Freiburg 1959

Zum Problem der Generation:

Benedikt, R.	Urformen der Kultur; Hamburg 1955
Eisenstaedt, S. N.	Von Generation zu Generation; München 1966
v. Friedeburg, L.	Zum Verhältnis von Jugend und Gesellschaft; in: Jugend in der modernen Gesellschaft, hrsg. von L. v. Friedeburg; Köln/Berlin 1965
Horstein, W.	Jugend in ihrer Zeit; Hamburg 1966
Mead, M.	Geschlecht und Temperament in primitiven Gesellschaften; Hamburg 1959
Tenbruck, F. H.	Jugend und Gesellschaft; Freiburg 1962

Zu „Gesundheit, Gefährdung, Verwahrlosung":

Dührssen, A.　　　Psychogene Erkrankungen bei Kindern und Jugendlichen; Göttingen 1962[4]

Erikson, E.H.　　　Kindheit und Gesellschaft; Stuttgart 1961

Eyferth, K.　　　Schwererziehbarkeit, ihre Ursache und Formen; in: Handbuch der Psychologie, Bd.X.; Göttingen 1959

Glueck, S. H., u. E.T. Glueck　　　Jugendliche Rechtsbrecher. Wege zur Vorbeugung; Stuttgart 1963

Moor, P.　　　Heilpädagogische Psychologie, 2.Bd.; Bern o.J. (1951)

Opitz, E.　　　Verwahrlosung im Kindesalter; Göttingen 1959

B. Sozialpädagogische Aspekte des Heranwachsens

1. Grundbedürfnisse

Die Formel „Autonomie und Initiative" gibt gleichsam nur den Rahmen an, in den die konkreten Inhalte erst noch eingefügt werden müssen; für den pädagogischen Alltag ist sie zu dürftig. Sollte nun aber positiv beschrieben werden, durch welche Eigenschaften, Verhaltensweisen, Haltungen und Normen ein „normales" Dasein ausgezeichnet ist, wäre die Verlegenheit groß; eine Verlegenheit, die sich in der pluralistischen Gesellschaft aus den faktischen Differenzen im Hinblick auf das ergibt, was als normale Existenz gelten könnte. Zudem kann der soziale Begriff der Normalität auch nie eine eindeutig fixierbare Grenze, ein idealtypisches Verhaltensprofil, ein charakterologisches Stereotyp bedeuten, sondern immer nur einen relativ weiten Spielraum, dessen „Grenze" aus allmählichen Übergängen besteht. Bildungsideale, Leitbilder und Erziehungsziele repräsentieren und überhöhen gleichsam die Mitte dieses Raumes in allgemeiner Form, die in jedem konkreten Fall wieder in die reale Praxis zurückübersetzt werden muß. Aber gerade im Hinblick auf diese Repräsentationen und Überhöhungen besteht Uneinigkeit.

Um dem Streit der Meinungen, Weltanschauungen und Konfessionen zu entgehen oder doch wenigstens eine für alle geltende Basis zu finden, muß ein anderer Weg als der einer positiven Beschreibung des normalen Daseins eingeschlagen werden, da ja eben aus dem Begriff des Normalen, soll er nicht nur statistisch und damit bedeutungslos sein, die positionsgebundene Wertung nicht weggedacht werden kann. Dieser andere Weg ist die Frage nach den Bedingungen, die eine normale Existenz in ihrem ganzen Variantenreichtum überhaupt erst ermöglichen. In der sozialpädagogischen Diskussion wird diese Frage als das Problem der Grundbedürfnisse formuliert.

Die Träger der Erziehung einschließlich der Familie, also die Gesamtheit der Erziehenden, sind seit eh und je in einer schwierigen Lage, da ihnen von ihrer Kultur eine anthropologische Schlüsselstellung eingeräumt wird: sie sind ermächtigt und gehalten, der heranwachsenden Generation zu vermitteln, was sie braucht, um im vollgültigen Sinne des Wortes Mensch zu sein, um Teilhaber an der Kultur zu werden, oder — wie Humboldt es formulierte — um den „Begriff der Menschheit" zu verwirklichen. Freilich: nicht entfernt können die Erzieher das allein leisten; sie sind aber dennoch in ausgezeichneter Weise dafür verantwortlich. Jedes Mißlingen führt zu der Frage: was war falsch? und weiter: Was wurde versäumt? Hat das Kind bekommen, was es braucht? Hat es das, was es bekam, im richtigen Maß bekommen? Immer suchen deshalb die Erziehungstheorien nach fundamentalen Lernvorgängen, Erfahrungen, Befriedigungen, die das Menschsein in einem kulturellen Verbande erst ermöglichen. Die Frage „wessen bedarf der Mensch?" ist eine solche fundamentale pädagogisch-anthropologische Frage, die verständlicherweise in Krisenzeiten besonders nachdrücklich gestellt wird. Gibt es Grundbedürfnisse des Menschen, deren Versagung alle spätere Erziehungsbemühung außerordentlich erschwert, wenn nicht gar mißlingen läßt, irreversible Prozesse in der psychischen Entwicklung einleitet, und deren Befriedigung daher vor allem anderen in der Erziehung sichergestellt werden muß?

Comenius, Montaigne und Rousseau haben diese Frage gestellt und sie zum anthropologischen Ausgangspunkt ihrer Erziehungstheorie gemacht. In der realistischen Erziehungstheorie Pestalozzis bilden sie den Ursprung der Geschichte der Sozialpädagogik in einer Form, die durch die moderne Erfahrungswissenschaft wohl präzisiert, kaum aber überholt wurde. Pestalozzis Aussagen sind einerseits das Ergebnis einer reflektierten, aber doch individuell begrenzten Erfahrung, andererseits sind es weitgehend spekulative Sätze. Manches konnte seitdem detailliert, präzisiert und neu begründet werden. Gleichwohl hat aber die Forschung erbracht, daß es sich hier um ein Problem mit mannigfachen Schwierigkeiten handelt. So ist z. B. schon fraglich, ob der Terminus „Grundbedürfnis" glücklich gewählt ist, ob er nicht vielmehr dem gemeinten Phänomen von Anfang an eine Deutung beigibt, die bei näherer Betrachtung sich als unzutreffend erweisen muß. Kann man von einem „Bedürfnis" nach Kommunikation sprechen, wenn sich nichts zeigen läßt, als daß Kinder zu verkümmerten Daseinsformen gelangen, die zu wenig menschliche Zuwendung erfahren haben? Ein „Bedürfnis" läßt sich hier nur rückblickend erschließen oder vermuten, besonders, da sich auch in der Triebstruktur keine eindeutige Motivation nachweisen läßt, es sei denn, man nimmt so etwas wie einen „Kommunikationstrieb" an, wie man auch von Spiel-, Arbeits-, Beschäftigungs-, Erkenntnis-, Nachahmungs-, Bewegungs-, Formungs-, Zerstörungs-Trieben usw. gesprochen hat. Schon die Beliebigkeit dieser Reihe und ihrer Verlängerung zeigt, daß es sich dabei nur um hypothetische Modelle handeln kann.

Ein Bedürfnis ist dadurch erkennbar, daß es sich kundgibt. Wo die Kundgebung fehlt, besteht kein Grund, ein Bedürfnis anzunehmen. Nur, wer nach Essen verlangt, „hat" auch erkennbar Hunger. Man darf daher annehmen, daß jedem Bedürfnis ein wahrnehmbares Verlangen entspricht, in dem es sich darstellt. Im Sinne dieser Annahme können wir von einem Bedürfnis nach Nahrung, nach geschlechtlicher Befriedigung, nach Abwesenheit von Furcht, nach körperlichem Schutz (Wohnung und Kleidung) sprechen. Diese Bedürfnisse bezeichnen wir als primäre Bedürfnisse, und zwar deshalb, weil die Gesamtheit der Bedürfnisse des kultivierten Menschen aus ihnen entwickelt, abgeleitet ist. So wird z. B. das Bedürfnis nach Nahrungsaufnahme zu einem Bedürfnis nach besonders zubereiteter Nahrung, nach bestimmten Nahrungsprodukten, nach besonderen Formen der Nahrungsaufnahme. Es ist also relativ unproblematisch, im Hinblick auf die primäre Schicht von „Grundbedürfnissen" zu sprechen; sie lassen sich von den sekundären Phänomen sondern; in Zeiten großer Not treten diese Grundbedürfnisse unverstellt hervor und umgehen das kunstvolle Gebilde ihrer kulturellen Überformung. Wo ihre Befriedigung immer wieder mißlingt, wo die Kinder nicht satt werden, Wohnung und Kleidung ungenügend Schutz bieten, die Furcht vor dem Morgen alle Kräfte aufzehrt, da besteht wenig Hoffnung, daß sich auch kultivierte sekundäre Bedürfnisse bilden und befriedigen lassen, die irgendeine Zivilisation als menschenwürdiges Dasein festgesetzt hat.

Diese Gruppe von Grundbedürfnissen ist rein physischer Natur. Aber bezeichnender Weise reichen sie zur Existenzerhaltung nicht aus. Sie müssen sich von Anfang der Entwicklung an mit etwas anderem verbinden, damit das menschliche Leben ermöglicht werde. Es besteht Grund genug, zwischen den primären und den sekundären Bedürfnissen, zwischen den physischen Bedingungen und der kulturellen Existenz eine Gruppe von Phänomenen anzunehmen, die mit dem Begriff „Bedürfnisse" nur unzureichend erfaßt wird, da sie von anderer Art zu sein scheint. Aber gerade diese Phänomene sind es, die vorzugsweise als „Grundbedürfnisse" bezeichnet werden: nach Zuwendung, Ansprache, Geborgenheit, Liebe. Bemerkenswert ist nun, daß hier der „Hunger" nach Befriedigung sich offenbar nicht in Formen darstellen kann, die den Bedürfnissen im engeren Sinne entsprechen. Die Reaktion, die das Fehlen von „Befriedigung" anzeigt, hat ein pathologisches Bild. Schon die Symptome des Entbehrens gehören hier nicht zum normalen und gesunden Wechsel von Bedürfnis und Befriedigung, sondern machen dem Erzieher ein entscheidendes Versäumnis deutlich, das noch vor diesem erkennbaren Entbehren liegt. Ein Kind bekommt seine Nahrung, wenn es Hunger zeigt; ihm aber erst Liebe geben zu wollen, wenn es danach verlangt, wäre absurd. Diese Andeutungen mögen genügen, um zu zeigen, wie fragwürdig es ist, hier von „Bedürfnissen" zu sprechen. Vorsichtiger wäre es, diese Vorgänge „fundamentale Erfahrungen" zu nennen, deren Eigenart darin besteht, daß sie unser Dasein als ein menschliches erst ermöglichen und zugleich konstituieren. Es sind die Bedingungen der Humanität.

In der Reihe der sogenannten Grundbedürfnisse unterscheiden wir also die primären Bedürfnisse der biologischen Existenz und die fundamentalen Erfahrungen der humanen Existenz. Ehe wir aber die Fragwürdigkeit auch dieser Unterscheidung erörtern, sollen zunächst die hier zu betrachtenden Phänomene referiert werden.

A. Dührssen (Psychogene Erkrankungen bei Kindern und Jugendlichen) nennt als primäre Bedürfnisse des Säuglings, „satt, warm und trocken zu sein", weiter die „Funktionslust des Körpers". Schon von einer anderen Art scheinen „Besitzstreben, Gestaltungswille und Machtbedürfnis" zu sein, vor allem aber das „Bedürfnis nach Liebe und Zärtlichkeit", schließlich auch das Bedürfnis nach „Geistigkeit" (S. 29 ff.).
K. Eyferth (Schwererziehbarkeit, ihre Ursachen und Formen) spricht von „Zuwendung und Liebe" als dem „grundlegendsten vitalen Bedürfnis des heranwachsenden Kindes". Davon abgehoben aber bestimmt er als Grundbedürfnisse nur „die Bedürfnisse nach motorischer Aktivität, oraler Befriedigung, urethraler und analer Ausscheidung und sexueller Stimulation" (S. 461 ff.).
L. Schenk-Danziger stellt schon einen wesentlich erweiterten Katalog von Grundbedürfnissen auf (Die psychischen Grundbedürfnisse des Kindes, in: Westermanns Pädagogische Beiträge, Jg. 1953, H. 1.) Sie konstatiert die folgenden: 1. das Bedürfnis, akzeptiert und gewollt zu sein; 2. das Bedürfnis, von den Eltern beachtet zu werden: „dazu gehört sprechen und spielen, loben und ermahnen, Interesse für alles von seiten der Eltern, was das Kind tut und zeigen will;" 3. das Bedürfnis nach Identifikation; „es handelt sich ... um jene Integration von Werten und Forderungen der Außenwelt, die nur über die Liebesbindung zu Mutter und Vater gelingt"; 4. Das „Bedürfnis nach dem Einbezogenen in echte, konfliktfreie Gemeinschaft, deren Aufgabe es ist, Schutz zu bieten"; 5. das Bedürf-

nis nach adaequatem Unterricht; 6. das Bedürfnis, akzeptiert und einbezogen zu sein in die Gemeinschaft der Gleichaltrigen und 7. das „Bedürfnis nach einer sinnvollen, seinen Kräften, Fähigkeiten und Interessen entsprechenden allmählichen Einschaltung in die Aufgaben des Erwachsenenlebens. "

R. Bang (Psychologische und methodische Grundlagen der Einzelfallhilfe, Wiesbaden 1959[2]) zählt unter den von ihr als „Existentielle Grundbedürfnisse" genannten auf: diejenigen nach Kontakt und Liebe, nach Zärtlichkeit, nach Anerkennung, nach Dazugehörigkeit und Geborgenheit, nach Unabhängigkeit und Selbständigkeit, nach Sicherheit. Sie weist ausdrücklich darauf hin, „daß es sich bei den emotionalen (im Unterschied zu den physischen) Grundbedürfnissen nicht um speziell kindliche Bedürfnisse handelt, sondern um allgemein menschliche, die selbst der alte Mensch noch hat. " Aber: „Je jünger der Mensch ist, ..., desto mehr wird die Befriedigung dieser Bedürfnisse zu einer Seinsfrage schlechthin, zu einer Frage von existentieller Bedeutung. " (S. 35 ff.).

Diese Aufstellung zeigt, daß die Autoren, ausdrücklich oder unausdrücklich, den Unterschied beachten, von dem wir glauben, ihn expressis verbis als den zwischen primären Bedürfnissen und fundamentalen, die Humanität bedingenden Erfahrungen herausstellen zu müssen. Problematisch scheint vor allem die zweite Gruppe zu sein; ihr wird die größere Beachtung geschenkt — und dies nicht, weil sie zur Sicherung des Daseins etwa wichtiger wäre, sondern weil sie gefährdeter ist. Es zeigt sich, daß gerade das Eintreten derjenigen Ereignisse, von denen das menschenwürdige Dasein — in welchem Sinne auch immer — schlechterdings abhängig ist, vom biologischen Bedürfnishaushalt des Menschen nicht garantiert werden kann. Entscheidend ist, daß diese „Bedürfnisse" nicht schon vom Anfang der Entwicklung an da sind, sondern daß sie in erzieherischen Akten erst hervorgebracht werden. Diese Akte sind so fundamental, daß sich in ihnen die Bildsamkeit für das ganze Leben entscheidet. In diesem Sinne ist die Erfahrung von Zuwendung und Liebe grundlegend und vital. Fast alle zitierten Grunderfahrungen lassen sich unter diese Formel subsumieren, bzw. unter den von Spitz verwandten Begriff der „affektiven Zufuhr", der so allgemein und konkret ist, daß es leicht fällt, die Begriffe Zuwendung, Zärtlichkeit, Einbezogensein, Geborgenheit, Anerkennung, Kontakt, Sicherheit, etc. in ihm aufgehoben zu finden. Ein Ausbleiben oder eine Störung dieser Erfahrungen hat krankheitsähnliche Folgen; außerdem läßt sich die Hypothese vertreten, „daß derartige ernste Störungen in den

Anfängen der Menschwerdung nicht verheilen, ohne Spuren zurückzulassen, an denen späterhin ähnliche oder auch andere pathologische Störungen ansetzen können". (Spitz, Objektbeziehungen). Ganz im Sinne unserer Kritik an dem Begriff „Grundbedürfnisse" spricht Spitz hier von der Menschwerdung; denn genau darum handelt es sich, daß der Mensch in diesen Erfahrungen als Mensch hervorgebracht wird.

Unsere Erörterung bliebe unvollständig, wenn wir neben der affektiven Zufuhr nicht auch die Sprache erwähnten. Allerdings scheint sie für die Belange der Praxis und unter dem Gesichtspunkt unserer Thematik nicht so problematisch zu sein, da es zwar Erziehung gibt, die an einem entscheidenden Mangel an affektiver Zufuhr leidet, kaum aber eine Erziehung, bei der nicht oder nur verschwindend wenig gesprochen wird. Das kann uns aber nicht veranlassen, die Rolle der Sprache in den fundamentalen erzieherischen Akten gering zu schätzen. Im Gegenteil; wie die affektive Zufuhr, so ist auch sie eine Bedingung aller menschleichen Leistungen. Gerade neuere Untersuchungen haben zeigen können, wie die Bildsamkeit und damit die Entwicklungsfähigkeit eines Menschen entscheidend bestimmt wird durch die Art seines Sprachstils, den Umfang seines Wortschatzes. Erst durch die Sprache i s t der Mensch nicht nur Natur, sondern „er h a t sie als Mensch, und seine Natur ist darum von Anfang an menschlich" Löwith), kultiviert und kultivierend. Was von der affektiven Zufuhr gesagt wurde, gilt auch hier: von einem ursprünglichen Bedürfnis nach Sprache zu reden, wäre zumindest ungenau; denn ein solches Bedürfnis entsteht erst, nachdem das Kind angesprochen wurde. Zuwendung und Ansprache sind deshalb die beiden pädagogischen Grundakte, weil in ihnen diejenigen Erfahrungen gestiftet werden, die die fundamentalen Bedingungen der Humanität sind. Primäre Bedürfnisse und ihre Befriedigung, wie die fundamentalen Erfahrungen und die durch sie gewonnenen Leistungen, durchlaufen eine Entwicklung, in deren Vollzug bestimmte psychische Qualitäten erreicht oder verfehlt werden können. Wir müssen fragen, ob sie das Telos ihrer eigenen Vollkommenheit in sich tragen oder nicht. Das hieße konkret: Können wir nur sagen, daß der Mangel an affektiver Zufuhr zum Hospitalismus führt — jenem Syndrom, das in Entwicklungsstillstand, Gewichtsverlust, Schlafstörungen, Wimmern, motorischer Verlangsamung bis zum Anschein von Idiotie und außerordentlich erhöhter Sterblichkeit besteht — oder können wir auch angeben, durch welche Qualitäten eine ungestörte Entwicklung ausgezeichnet ist, in der die Bedürfnisse befriedigt und die Grund-Erfahrungen vermittelt wurden?

E. H. Erikson (Kindheit und Gesellschaft) versucht, eine Antwort darauf zu geben. Er zählt acht Qualitäten auf, die der Mensch im Laufe seiner Entwicklung eine nach der anderen erwerben müsse, um gleichsam den Begriff der Normalität zu verwirklichen.
1. Vertrauen, 2. Autonomie, 3. Initiative, 4. Leistung, 5. Identität, 6. Intimität, 7. zeugende Fähigkeit (Produktivität), 8. Ich-Integrität. Jede dieser Qualitäten wird in einer durch sie charakterisierten Phase gewonnen. Jede kann nur verwirklicht werden, wenn auch die vorangegangene zu einer positiven Struktur der Persönlichkeit geworden ist. Alle Qualitäten entstehen in der Auseinandersetzung mit einem zugehörigen entgegengesetzten Modus: mit 1. Urmißtrauen, 2. Scham und Zweifel, 3. Schuldgefühl, 4. Minderwertigkeitsgefühl, 5. Rollendiffusion, 6. Isolierung, 7. Stagnation und 8. Verzweiflung.

Schauen wir uns diese Qualitäten näher an und vergleichen wir sie mit den Grunderfahrungen der affektiven Zufuhr und der Sprache, dann zeigt sich, daß hier ein bemerkenswerter Unterschied besteht. Während diese notwendig sind für das Zustandekommen des menschlichen Daseins überhaupt, ist es im Hinblick auf jene mindestens denkbar, daß eine Kultur eine Daseinsform entwickelt, deren Leitbild nicht der positiven Qualitätsreihe Eriksons entspricht, sondern sich an Qualitäten orientiert, die irgendwo zwischen den Gegensätzen liegen, in der z. B. Autonomie, Initiative und Intimität nicht oder schwach erstrebt wird. Solche Kulturen sind nicht nur denkbar, sondern auch nachweisbar.

Der Alor-Stamm verwendet auf die Pflege seiner Kinder wenig Sorgfalt und Zeit. Mütterliche Zärtlichkeit und Liebe findet das Kind dort nur in minimalen Dosierungen. Da beide Elternteile den ganzen Tag über arbeiten, übernimmt die Pflege ein älteres Kind. „Überall sieht man Kinder, die schreiend nach ihrer Mutter verlangen; jeder erwachsene Alorese beklagt sich darüber, daß seine Mutter ihn schon von Kindheit an im Stich gelassen habe."
„Diesem Bilde der Kindheit auf Alor entspricht ein Erwachsenen-Verhalten, welches an das der verwahrlosten Jugend unserer Großstädte erinnert. Der erwachsene Alorese zeigt keinerlei Anhänglichkeit seinen Eltern gegenüber. Die Beziehung zwischen den Geschlechtern ist denkbar schlecht. Jede menschliche Beziehung ist im Vergleich mit den bei uns üblichen ernstlich geschädigt. Die Aloresen sind mißtrauisch, haben weder zu sich selbst noch zu anderen Vertrauen; sie

sind schüchtern, unsicher und leiden an dem Gefühl, fortgesetzt bedroht zu sein. Sie haben kein Gemeinschaftsgefühl, sie kennen keine Freundschaft; in ihren Tauschgeschäften sind sie betrügerisch und jeder versucht, den anderen übers Ohr zu hauen. Die Feindseligkeit des einzelnen gegenüber jedem anderen Menschen ist außerordentlich. Sie sind nicht schöpferisch; sie leben nur für den Augenblick, wohnen in Schutt und Abfall und haben keine Vorstellung von Moral oder Belohnung für ein gutes Verhalten. Das Hauptthema ihrer Folklore ist der Elternhaß. Als Gesellschaft können sie nur darum fortbestehen, weil sie nie von einer äußeren Gefahr bedroht wurden, weder von Eroberung, noch von Hungersnot. Andererseits sind sie kaum fähig, Aggression in Aktion umzusetzen. . . ."
(R. Spitz, Die Entstehung der ersten Objektbeziehung, S. 125).

Damit zeigt sich für unser Problem ein bemerkenswerter Sachverhalt. Neben den primären Bedürfnissen und den Grunderfahrungen können wir noch eine dritte Gruppe fundamentaler Qualitäten annehmen, die nun allerdings nicht mehr die Bedingungen menschlichen Daseins überhaupt, sondern nur die einer besonderen kulturellen Existenz darstellen. Wir wollen diese Gruppe kategoriale Qualitäten nennen. Die von Erikson aufgezählte Reihe ist offenbar von dieser Art. Auch hier könnte man von Bedürfnissen sprechen, und zwar von solchen, die eine bestimmte Kulturlage dem Individuum ansinnt, weil nur die immer neue Reproduktion und Befriedigung dieser Bedürfnisse die entsprechende Kultur in ihrer Eigenart erhält. Wir nennen sie kategorial, weil sie die elementaren Momente der kulturellen Persönlichkeit (basic personality structure) sind, die allem späteren Verhalten, aller Auseinandersetzung des Menschen mit der Welt, seiner Kultur, als die grundlegenden innewohnen und das Subjektiv-Besondere der individuellen Existenz mit dem Objektiv-Allgemeinen der kulturellen Lage vermitteln.
Unter den sogenannten „Grundbedürfnissen" unterscheiden wir also drei Gruppen:

1. die primären Bedürfnisse,
2. die fundamentalen Erfahrungen,
3. die kategorialen Qualitäten.

Die dritte Gruppe unterscheidet sich von der ersten und zweiten dadurch, daß sie nicht ein für allemal festzustellen ist; jedem Kulturzusammenhang wohnen seine besonderen Qualitäten inne. Es bedarf also einer Analyse der Kultur, um sie einzeln und deutlich formulieren zu können.

Diese drei Gruppen treten im Lebensgang eines Menschen weder nacheinander noch voneinander getrennt auf. An jedem Erziehungsakt sind sie alle beteiligt. Es gibt daher keine Befriedigung primärer Bedürfnisse, ohne daß in dieser Befriedigung die affektive Erfahrung eine entscheidende Rolle spielt. Und ebenso gibt es keinen noch so einfachen erzieherischen Vorgang, in dem nicht schon der Grund gelegt würde für die Möglichkeit oder Begrenztheit späterer Autonomie und Initiative. Gerade dies macht den Umgang mit dem Kinde von Anfang an zu einem erzieherischen und charakterisiert ihn als etwas wesentlich anderes als biologisch motivierte Pflege. Alle Säuglingspflege ist schon Erziehung, gute oder schlechte, da sie den Vorgriff auf die kategorialen Qualitäten notwendig enthält.

Damit ist aber die Reihe der in diesem Abschnitt zu nennenden Probleme noch nicht abgeschlossen. Denn nicht nur die primären Bedürfnisse verlangen nach Befriedigung, sondern auch die große Zahl derer, die im Prozeß des Heranwachsens und in der Auseinandersetzung mit der bestimmten Form einer Gesellschaft sich bilden als Sitte und Gewohnheiten, als täglicher Bedarf, als das komplizierte System von Motivationen, mit dem der zivilisierte Mensch lebt.
Schließlich sei noch auf ein Phänomen hingewiesen, dessen Einordnung in unsere Gruppe schwer fällt, da es einerseits den primären Bedürfnissen zugehört, andererseits beim Menschen aber garnicht anders, als schon in sprachlicher, kultureller Form auftritt: das Bedürfnis nach „Geistigkeit" (Schentz-Danzinger) oder das „ursprünglich geistige Bedürfnis" (Roth).

„Noch mehr als beim Tier ist von Anfang an beim Menschen eine ‚Triebkraft der Neugier' (exploratory drive) zu konstatieren, die als selbständige Triebfeder und Antriebskraft für das menschliche Handeln gewertet werden darf. ‚Neugier' ist aber nur der vitale Ausgangspunkt. Es ist der Uranfang des Bedürfnisses nach Bewältigung der Umwelt um der Bewältigung willen. Der Antrieb ist so fundamental wie Hunger und Durst. Das Unbekannte, die erlebte Schwierigkeit, die erkannte Aufgabe zieht von selbst unsere Energie auf sich. Sie wird zum Symbol unserer Selbsterprobung und faßt uns auf diese Weise ans Herz. Wo Aufgaben Forderungen stellen, finden sich sofort Menschen ein, die allein von der Aufgabe gereizt werden. Sie werden für sie zu Beispielen der Selbstbewährung und Selbsterfüllung. Allerdings ist dabei die Hierarchie der Bedürfnisse zu beachten: erst müssen die elementaren

Bedürfnisse gestillt sein, bevor die höheren die freie Energie auf sich ziehen können" (H. Roth, Pädagogische Psychologie des Lehrens und Lernens Berlin 1961⁵, S. 252).

Schon bei Tieren ist ein diesem Bedürfnis entsprechendes Verhalten nachgewiesen. Charakteristisch ist, daß es sich erst nach Sättigung der primären Bedürfnisse einstellt. Überschüssige Energie ist seine Bedingung. Der Energie-Überschuß erlaubt, daß nun die Kräfte nicht mehr zu Erhaltung der vitalen Existenz, auch nicht in einem abgeleiteten Sinne, eingesetzt zu werden brauchen, sondern sich Zwecken, die von der Existenz-Erhaltung unabhängig sind, zuwenden, bezw. sich solche Zwecke überhaupt erst schaffen können.

Dieses „geistige Bedürfnis" spielt verständlich für die Theorie des Lernens, insbesondere für die intellektuelle Bildung eine besondere Rolle. Es hieße aber seine Bedeutung völlig verkennen, wollte man diese etwa nur im Hinblick auf die Schule gelten lassen. Sein Auftauchen ist gleichsam das Symptom einer gesund verlaufenden Entwicklung. Darin liegt der pädagogische Sinn der Muße; darin ist diese „Neugier" auch dem Spiel vergleichbar.

Zu fragen ist allerdings, ob solchem geistigen Interesse innerhalb der sozialpädagogischen Praxis Bedeutung zukommt. Insofern es zum normalen Dasein gehört und „Sachlichkeit" eine Qualität ist, die unbestritten zu den Aufgaben der gegenwärtigen Erziehung zu rechnen ist, ist es ein Bestandteil auch der Sozialpädagogik. Sie setzt ja gerade auch dort ein, wo dieses Interesse nicht im normalen Erziehungsgang erreicht werden konnte, wo Versäumnisse nachgeholt werden müssen, die die Verwirklichung dieser „Neugier" hemmen, und wo nun auf Umwegen doch noch das Ziel erreicht werden soll. Ferner kann dieses Interesse selbst der Umweg sein, durch den Qualitäten erworben und Leistungen erbracht werden können, deren direkter Zugang erschwert oder verschlossen ist. Die Beschäftigungstherapie, die Rolle des Hobbys im Zusammenhang einer Sozialerziehung, die Bedeutung eines solchermaßen eigenständigen Interesses für die Jugendpflege wären hier zu erörtern.

Für die Konzeption der Jugendpflege bezw. Jugendarbeit ist dieses Problem von besonderer Wichtigkeit. Hier spielen von jeher die sekundären Bedürfnisse und ihre Befriedigung eine entscheidende Rolle. Wenn auch bisher die formulierte Theorie der Jugendpflege andere Motive in den Vordergrund schob, so scheint doch wenigstens die gegenwärtige Praxis dies immer deutlicher zu bestätigen. Das Bedürfnis des Jugendlichen wird zum Ausgangspunkt des pädagogischen Weges gemacht. Die Jugendpflege kann es nun als ihre

Aufgabe betrachten, diese Bedürfnisse – nach Bewegung, Beschäftigung, Kommunikation, Geltung, Erlebnis – gleichsam zu veredeln, zu Bedürfnissen nach gepflegter Geselligkeit, gutem Tanz, ausgewogenem Gruppenleben, differenzierter Beschäftigung umzuwandeln und weitere, subtilere, kulturelle, in den Augen des Jugendpflegers höherwertige Bedürfnisse zu wecken, an jene anzuschließen, ohne das Bedürfnis, einer Sache „um ihrer selbst willen" sich zuzuwenden, hervorbringen oder hervorlocken zu wollen. Die Erziehung würde sich, da der Prozeß einer Bedürfnisdifferenzierung in der Praxis der Jugendpflege kaum abschließbar ist, in einer progressiven Kultivierung, Stilisierung und Urbanisierung erschöpfen. - Demgegenüber wäre eine andere Konzeption denkbar, nach der die wichtigste Aufgabe der Jugendpflege gerade darin bestünde, die geistigen Interessen zu wecken. Befriedigung sekundärer Bedürfnisse bliebe zwar die notwendige Bedingung zur Erreichung des Ziels, sie hätte aber nur methodische Funktion. Wir können hier nicht entscheiden, welche Konzeption[1] „richtiger" ist, da wir nur das Problem zu benennen haben. Bedenklich ist nur, wenn unter dem Vorwand der zweiten Konzeption partikuläre Interessen des Trägers der Erziehung durchgesetzt werden sollen. Politische und weltanschauliche Interessen so gut wie die Vorliebe für bestimmte Kulturgüter können hier den Jugendlichen gegenüber als Interessen an der Sache um der Sache willen ausgegeben werden, ohne es doch wirklich zu sein. Die Gutgläubigkeit des Jugendlichen wird dann mit Hilfe seiner Bedürfnisse nach Art der Werbung hintergangen. Täuschungen, wenn auch in guter Absicht, sind aber nicht Erziehung.

Die Einsichten in den Bedürfnis-Haushalt des Menschen, in den Zusammenhang der hier genannten Schichten – primäre Bedürfnisse, fundamentale Erfahrungen, kategoriale Qualitäten, sekundäre Bedürfnisse – und in die ganze, hier nicht erörterte Lerntheorie, sind für die Erziehung eine kaum zu unterschätzende Hilfe. Indessen sind sie aber auch eine Gefahr, wenn sie, die nur die Bedingungen, unter denen Erziehung geschieht und geschehen kann, formulieren, als Einsichten in die Sache „Erziehung" ausgegeben werden. Immer können sie als ein Instrument der Unfreiheit Verwendung finden, den ohnehin überall spürbaren Zwang hier wiederholen und von Anfang an unausweichlich machen. Die von Erikson genannte Qualität der Autonomie enthält aber schon den

---

[1] Es handelt sich hier freilich nur um einen Teilaspekt der Jugendpflege; weder das eine noch das andere Prinzip kann die ausschließliche Grundlage sein.

Widerspruch: Es darf sich nicht nur darum handeln, die Lernmechanismen zur Grundlage einer wirksamen Methode zu machen; denn: die Aufklärung des Menschen über ihn selbst und seine Bedürfnisse, Mängel, Zwänge und möglichen Befriedigungen, die Selbstdurchsichtigkeit jedes Zöglings und Klienten ist das erforderliche Korrelat jeder sozialpädagogischen Technik, der Sinn der Formel „Hilfe zur Selbsthilfe".

2. Anpassung

Der Begriff der „Anpassung" ist aus der sozialpädagogischen Diskussion nicht mehr wegzudenken; und zwar nicht nur deshalb, weil
in ihm der vielfältige Ertrag soziologischer und sozialpsycholo-
gischer Forschung zusammengefaßt und der Sozialpädagogik vermittelt werden kann, sondern weil in dem Begriff selbst ein fundamentales pädagogisches Problem zum Ausdruck kommt. Seit
unsere Gesellschaft sich im „Umbau" (Mannheim) befindet, ist es
für den Heranwachsenden immer schwieriger geworden, einen
durchgehenden Halt zu finden. Die Differenzen und Widersprüche
der Institutionen, Gruppen, Meinungen, Familien, Personen, an
denen das Kind und der Jugendliche Stabilität erringen sollte,
machen die Anpassung zu einem pädagogischen Problem ersten
Ranges; denn wenn früher die Bedingungen des Aufwachsens eine
relativ konfliktfreie Anpassung ermöglichten – es war wenig
zweifelhaft, an welche Gruppe sich das Kind anzupassen hatte,
welche Normen für es Gültigkeit hatten, und alles dies war zudem
anschaulich und einsichtig – so lauert heute fast an jeder Stelle der
Entwicklung die „Fehlanpassung", „Überangepaßtheit", die „Verfestigung", das Vorurteil; die Differenzen und Widersprüche machen einen Vorgang kompliziert, der doch – sozialpsychologisch
betrachtet – eigentlich ebenso fundamental wie einfach sein müßte.
Fast in allen ihren Bereichen hat es die Sozialpädagogik mit An-
passungsvorgängen zu tun: mißglückten, verfehlten, allzu glatt
gelungenen, mit dem Nachholen versäumter, mit dem Unterstützen notwendiger, ja mit der Anpassungs f ä h i g k e i t selbst, ihrer
Flexibilität oder Beschränktheit, ihrer Unterstützung oder Hem-
mung.
Anpassung als sozialpädagogischer Begriff enthält die Spannung
zwischen Sein und Sollen, zwischen der Beschreibung des Vor-
ganges und dem Begriff seiner in einem besonderen Sinne geglückten Form. Darin unterscheidet er sich von dem allgemeine-
ren der „Adaptation", der den normativen Gesichtspunkt nicht enthält und nach dem alles Lernen – das Lernen des „Guten" wie des
„Schlechten", des „Richtigen" wie des „Falschen" – in Anpas-

sungsvorgängen abläuft. Sozialpädagogisch dagegen bedeutet „Anpassung" die besondere Form der Leistung, die das moderne soziale Feld dem einzelnen zumutet, eine Leistung, die erbracht oder verfehlt werden kann, auch wenn das Verfehlen selbst wiederum als „Adaptation" erklärt werden mag. Die „Anpassung" ist im Verfehlen mißlungen. Der Unterschied zwischen Adaptation und Anpassung kann deshalb als der zwischen dem biologisch-psychologischen und dem kulturanthropologischen Aspekt bezeichnet werden. Es ist daher der soziale Sinn des Begriffs, der ihn für die Sozialpädagogik disponiert.

Anpassungsprobleme in diesem Sinn treffen wir heute an allen Orten der Sozialpädagogik an. Unabhängig von den komplizierten Anforderungen der Bildung besteht die sozialpädagogische Aufgabe zunächst darin, auf einer gleichsam unteren Ebene einen Gleichgewichtszustand zwischen den Bedürfnissen und Motiven des Einzelnen und den mit der Struktur der modernen Gesellschaft gegebenen Anforderungen herzustellen. Wir sagen, dieser Zustand sei herzustellen, weil er sich offenbar immer häufiger nicht mehr „von selbst" ergibt. Das beginnt in der Familie, wo häufig das „Muster" der Anpassung im Widerspruch steht zu denjenigen Eigenschaften und Fähigkeiten, die außerhalb der Familie den Zustand der Angepaßtheit auszeichnen; noch häufiger sind vermutlich die Fälle, in denen dieses Muster eines innerfamiliären Verhaltens überhaupt der Deutlichkeit entbehrt – das viel zitierte Nachlassen der Erziehungskraft der Familie – und die fundamentale Erschwerung von Anpassung und Identifikation den Grund für spätere Erziehungsschwierigkeiten legt. Schließlich ist die Verschiedenheit der „Rollen", denen sich schon das Kind anpassen muß, außerordentlich groß, zumal diese Verschiedenheit selbst und ihr Grund dem Kinde noch nicht einsichtig sein kann. Es paßt sich spontan der augenblicklichen Konstellation an und bleibt verständnislos dem Wechsel und der Vielfalt gegenüber. Schon der so einfach scheinende Wechsel zwischen Familie, Kindergarten und Straßengruppe birgt Schwierigkeiten für das Kind; mehr noch der Rollenwechsel der Eltern, was im Fall der berufstätigen Mutter besonders fühlbar wird. „Die Multiplizität der Rollen vermag das Kind nicht zu begreifen" (Hartley).

„Ein dreieinhalbjähriges Kind antwortete auf die Frage: „Bist du Amerikaner?" mit „Nein. Ich bin ein Cowboy". Ein Kind von 4,5 antwortete auf die Frage: „Bist du katholisch?" mit „Nein. Ich bin Richard" und ein gleichaltriges Kind antwortete auf die Frage: „Bist du jüdisch?". „Nein. Ich bin erst vier. Ich werde jüdisch". Noch ein anderes Kind auf die Frage: „Bist du amerikanisch?" entgegnet: „Nein. Mein Vater ist Amerikaner. Ich bin ein Mädchen". Ein sechseinhalbjähriger Junge war sich sowohl seiner jüdischen als auch seiner amerikanischen Zugehörigkeit bewußt, aber er vermochte sie weder zu erklären noch sich vorzustellen, daß er beides gleichzeitig sein könne". (Hartley u. Hartley, Grundlagen der Sozialpsychologie, S. 368).

Beim Schuleintritt treten die Anpassungsprobleme deutlich hervor. Schulpädagogik und Sozialpädagogik müssen deshalb besonders Hand in Hand arbeiten, da dieser „Rollenwechsel" des Kindes nicht eine einfache Erweiterung und Vermehrung seiner Anpassungsleistungen bedeutet, sondern die Umstellung von einem sozialen System auf ein andersartiges darstellt. Zugleich zeigt sich hier, daß neue Anpassungsleistungen von Reifungsvorgängen und vorausgegangener geglückter Anpassung abhängig sind. Schulreife ist deshalb immer auch eine besondere Form von Anpassungsfähigkeit, um die sich Sozialpädagogik und Familie zu bemühen haben.

Anpassungsschwierigkeiten besonderer Art entstehen beim Eintritt in die Arbeitswelt. Wie die Schulreife, so kann auch die Berufsreife als eine Anpassungsfähigkeit beschrieben werden. Der Anpassungszwang ist besonders stark, da — an der Reife des Heranwachsenden gemessen — die Entscheidung relativ früh gefällt werden muß und die Arbeitsstelle einen stärker fordernden Charakter hat als Schulklasse und Familie. Mißglückenden Anpassungsversuchen kann hier eher korrigierend und individualisierend nachgegangen werden als dort. Der Ausweg — Wechsel der Arbeitsstelle oder gar des Berufes selbst — löst selten die Probleme; eher schafft er neue. Die sozialpädagogische Hilfe für die Industriejugend ist daher weitgehend Anpassungshilfe.

Auch im Freizeitsektor spielt die Anpassung eine entscheidende Rolle. Die Konsumstruktur erfordert Anpassung an ihre Mittel und Wege. Der blinde Genuß ist gerade hier als eine mißlungene Form der Anpassung zu bezeichnen, sofern Anpassung auch Bewältigung des vielfältigen Angebots und Fähigkeit zur Auswahl bedeutet. Wichtiger noch ist vielleicht die Sphäre des „geselligen Betragens", in der es nicht so sehr um die Anpassung an bestimmte Institutionen geht, sondern um Übung der Anpassungsfähigkeit. Das Verhalten in einer Gruppe, das Verhalten verschiedener Gruppen zueinander, der Umgang mit vielen und sehr verschiedenen anderen in einem Jugendheim, das Sich-Einstellen auf wechselnde Konstellationen und Situationen wird deshalb auch zu einer immer deutlicher hervortretenden Aufgabe der Jugendpflege. Das alte Ideal der stark nach innen gerichteten, nach außen sich abschlie-

ßenden, auf bestimmte Gehalte, Inhalte und Attitüden einzig festgelegten Jugendgruppe verliert infolgedessen zunehmend an Bedeutung.

Von grundlegender Bedeutung ist schließlich die Anpassung
überall dort, wo sie in frühen Jahren nachhaltig mißglückte und es
schließlich zu verfestigten Fehlanpassungen und Fehlentwicklungen führte. Schwererziehbare Kinder werden im angelsächsischen
und französischen Sprachraum als „maladjusted" bzw. „inadaptés"
bezeichnet. Hier sind z. T. fundamentale Anpassungsleistungen
nachzuholen: an Ordnung, an ein Gruppengebilde, an Arbeitsformen. Die Schwierigkeit besteht darin, solches Nachholen zu ermöglichen durch besondere Organisationsformen der Erziehung.
Die Nicht-Angepaßtheit, die sich in Symptomen wie Schulschwän-
zen, häufigem Wechsel der Arbeitsstelle, Fortlaufen, den mannig-
faltigen Verwahrlosungserscheinungen etc. dokumentiert, liegt
tiefer als diese Symptome selbst und kann nur durch Dauer und
Stetigkeit des pädagogischen Feldes überwunden werden. Können
Berufsfindungseinrichtungen, Jugendarbeit und Jugendpflege in
der Regel damit rechnen, daß die fundamentalen Anpassungen in
Familie und Schule geglückt sind, so muß gerade hier diese fundamentale Schicht nachgeholt, ergänzt oder korrigiert werden. Es
kann aber nur dort etwas nachgeholt werden, wo das Nachzuholen-
de in der Institution repräsentiert wird. U. a. deshalb sind die
Heime mit kleinen und familienähnlich gegliederten Gruppen
notwendig und ist der Heimwechsel ein Widerspruch gegen das
erstrebte Ziel.

Diese wenigen Beispiele mögen hinreichen, um zu zeigen, daß der
Begriff Anpassung in der Tat einen wesentlichen Aspekt der
Sozialpädagogik trifft. Er ist bezeichnend für das pädagogische
Problem in einer Gesellschaft, die so reich an Übergängen ist wie
die unsere. Einige Besonderheiten des gemeinten Phänomens
sollen noch herausgestellt werden.

1. Anpassungsfähigkeit ist eine Funktion der Persönlichkeitsreife.
Die Flexibilität, die unerläßlich ist, um sich neuen Konstellationen anpassen zu können, findet sich nur dort, wo die Entwicklung gesund verlaufen ist. So ist die emotionale Sicherheit eine
Voraussetzung für das Gelingen von Anpassung. Von Fehlanpassungen wird deshalb auch dann gesprochen, wenn starr an frühen
Anpassungen festgehalten wird, sich Einstellungen und Verhal-
tensformen verfestigt haben, so daß eine Lösung von ihnen nicht
mehr gelingt.

2. Die normale Form der Anpassung enthält immer auch ein
aktives, den scheinbaren Zwang aufhebendes Moment. Sie ist nicht

nur Akkomodation – Angleichung an ein Gegebenes – sondern auch Assimilation – Aneignung und Veränderung des Gegebenen. Vorurteile entstehen, wenn sie rein passiv verläuft. Ebenso ist der Konformismus eine Form solchen Verfehlens.

3. Die Bedeutung, die die Anpassungsvorgänge für die Erziehung haben, hängt entscheidend davon ab, wie weit sie kontinuierlich zusammenhängen. Herrscht zwischen ihnen Kontinuität, d. h. bestehen zwischen den sozialen Rollen keine oder nur geringfügige oder durch Institutionen deutlich anschaubare Brüche, dann wird man weitgehend auf die pädagogische Potenz der Institutionen vertrauen dürfen. Herrscht zwischen ihnen aber Diskontinuität, bestehen zwischen Kindheit und Erwachsensein, Arbeit, Familie, Freizeit etc. unvermittelte Differenzen, dann fällt der Erziehung die Aufgabe zu, hier in besonderen Institutionen zu vermitteln und durch das Pflegen der Anpassungsfähigkeit die Diskontinuität zu kompensieren.

4. Der Anpassung an Situationen kommt daher eine besondere Bedeutung zu. Man könnte geradezu als Kriterium pädagogischer Situationen festsetzen, daß sie der aktiven Anpassung Raum geben und nicht nur die Akkomodation gestatten. Die einmal erworbene Angepaßtheit würde so nicht nur bewahrt und immer weiter verfestigt, sondern das Gelernte würde aufgehoben und zugleich die Anpassungsbereitschaft für neue Situationen aktiviert.

5. Wie wichtig und tiefgreifend Anpassungsvorgänge sind, wird bei Gruppenprozessen deutlich. Atmosphäre, Ton und Stil des Gruppenleiters wie der Gruppenmitglieder bringen bei der Gruppe oder dem neu Eintretenden als Reaktion je spezifische Anpassungsleistungen hervor, die sein Verhalten nachdrücklich bestimmen. Hier ist es entscheidend, w i e der Erzieher seine Autorität ins Spiel bringt, wie er die Kinder anspricht, welche Gesten er verwendet. Scheinbare Kleinigkeiten ergeben zusammen einen Stil und eine Atmosphäre, die in dem einen oder anderen Sinne eine Gruppe gefangennehmen, an die sie sich anpaßt und deren Bedeutung für Verhalten und Charakter kaum unterschätzt werden kann.

Ein entscheidender Bestandteil der Anpassungstheorie ist die Annahme, daß die Auseinandersetzung des Menschen mit der Außenwelt, das Hervorbringen von Verhaltensweisen, die der Außenwelt adäquat sind, nicht in jedem Falle und in jeder Generation von Grund auf neu zu geschehen braucht, sondern daß – für einen bestimmten kulturellen Zusammenhang – einmal gefundene Lösungen institutionalisiert werden und der nachfolgenden Generation zur Verfügung stehen. Diese braucht das so Gewordene nur zu übernehmen. Das heißt nicht, daß es dabei nicht modifiziert würde; es heißt nur, daß ein Modell des Verhaltens vorliegt, das nun nicht noch einmal neu „erfunden" zu werden braucht. Die heranwachsende Generation übt den gegebenen Verhaltensbestand ein; die Gesellschaft versichert ihr, daß sie darin ihr Glück, das Gleichgewicht zwischen ihren Strebungen und den Forderungen der Kultur, finden werde. Indem so der Heranwachsende das richtige Maß lernt, lernt er, zur Befriedigung seiner Bedürfnisse sich der traditionellen Formen und Wege zu bedienen, ja überhaupt nur eine der Zahl und Form nach begrenzte Gruppe von Bedürfnissen zu haben.

Für die Erziehung ist aber nicht dieser, soziologisch zu nennende Aspekt der Vorgänge entscheidend, sondern die Rolle, die die Spontaneität in diesem Zusammenhang spielt. Die Erziehung hat ein Interesse daran, daß die Aktivität des Menschen im Anpassungsvorgang nicht nur gewahrt bleibt — in irgendeiner Form gehört sie immer dazu, — sondern gestärkt und in ihrer Stärke erhalten wird. Gerade durch die Einsicht in die Plastizität der menschlichen Natur erhält diese Forderung einen besonderen Nachdruck. Wenn man weiß, daß man aus dem Menschen nahezu unendlich und erschreckend viel machen kann, sollte man wissen, was man aus ihm machen will; anders formuliert: man sollte wissen, ob man etwas Bestimmtes aus ihm machen will, oder ob man ihn instand setzen will, etwas aus sich zu machen. Darauf läuft die Frage nach dem Anteil der Aktivität im Anpassungsvorgang hinaus. Entscheiden wir uns für die zweite der beiden Möglichkeiten, dann läßt sich als Maxime formulieren: Anpassung ist nur dann pädagogisch „richtig", wenn sie so verläuft, daß dem Sich-Anpassenden die Kritik an dem Vorgang und seinem Ergebnis immer noch möglich ist. Das Gegenbild böte z. B. eine in verfestigten Vorurteilen verlaufende und endigende Erziehung, die — was im Begriffe des Vorurteils liegt — es ausschlösse, daß der Erzogene imstande ist, sich neuen Konstellationen anzupassen.

„Vorurteile setzen der spontanen Reaktionsbereitschaft Grenzen, geben Handlungsanweisungen. Zwar stärken sie nicht die kritischen Fähigkeiten des Ichs, wohl aber das Selbstgefühl, wenn es Anerkennung findet in der Befolgung dessen, was rechtens, anständig, erwünscht, gesichert, unzweifelhaft, allgemein anerkannt ist. Setzt keine Erziehung zur Befragung der Welt, wie sie ist ein, das heißt, sind die Vorbilder selbst nicht fähig, solche Frage zu stellen, so entwickelt sich ein Vorurteilsgehorsam, der Reifung abschneidet. Die Anpassung

schlägt dann die Richtung auf den Sozialautomatismus hin ein"
(A. Mitscherlich, Auf dem Wege zur vaterlosen Gesellschaft,
S. 395 f.).

Die Sozialpädagogik sieht sich damit in einen Widerspruch verwickelt, den sie praktisch aufheben muß. Auf der einen Seite ist
sie gehalten, versäumte Anpassungen nachzuholen, bei der Bewältigung schwieriger zu helfen, um dem Kinde und Jugendlichen
die unreflektierte Sicherheit des Verhaltens zu geben, deren sie
bedürfen. Auf der anderen Seite hat sie die Aufgabe, verfestigte
Sicherheiten, „Sozial-Automatismen", Vorurteile aufzulösen und
die Spontaneität zu aktivieren, um Beweglichkeit und Selbständigkeit zu ermöglichen. Hier liegt der Sinn der Diskussionen für und
wider die Autorität ebenso, wie der Grund für die Bedeutung aller
gestaltenden „musischen" Tätigkeit in der Erziehung. Jeder Bereich und jede Stufe sind imstande, diesen Widerspruch auf ihre
Weise aufzuheben, durch Phantasie und Spiel, in der Verbindung
von Lernen und Schaffen, von Ordnung und Vielfalt in den Gruppen
und Heimen, durch Variantenreichtum der Kommunikationsformen und Betätigungsarten — durch die Beweglichkeit, in der das
Erziehungsfeld gehalten wird.

3. Umlernen

Erziehung ist möglich, insofern der Mensch bildsam ist; die Annahme der Bildsamkeit liegt schon im Begriffe der Erziehung. Bemerkenswert ist jedoch, daß dieser Sachverhalt nicht nur mit zunehmender Intensität in allen seinen Aspekten erforscht wird – vor
allem in der Erziehungswissenschaft, der Psychologie und der
Kulturanthropologie – sondern daß auch seine praktische Aktualität immer deutlicher hervortritt. Das, was sein soll und das, was
ist, kommen sich in dieser Sache eigentümlich entgegen: das Bedürfnis nach Ausweitung der Erziehungsbemühungen, nach Pädagogisierung, nach Vielfalt und Intensität des zu Lernenden und zu
Könnenden, nach Fortbildung in den Lebensphasen des Erwach-
senseins entspricht dem anthropologisch Möglichen, der Tatsache
nämlich, daß einerseits, im Falle einer gesunden Entwicklung,
die Bildsamkeit auch nach den Phasen der Kindheit und des Jugendalters prinzipiell erhalten bleibt und andererseits, daß die
Bildungs- und Lernmöglichkeiten des einzelnen Kindes und Jugendlichen immer in dessen tatsächlicher Leistung nicht ausge-
schöpft sind, sondern durch neuartige Anreize sich immer neue
„Bildsamkeiten" erschließen, durch „Begaben" neue Begabungen
hervortreten können.
An diese Voraussetzungen knüpfen wir an, wenn wir hier „Umlernen" als einen sozialpädagogischen Grundbegriff einzuführen versuchen. Das pädagogische Problem, das damit formuliert werden
soll, läßt sich an einem Sonderfall des Umlernens, der sogenannten „Umerziehung" (Reeducation) in Deutschland nach dem zweiten
Weltkrieg veranschaulichen. Es war die Absicht der Siegermäch-
te, nicht nur in der heranwachsenden, sondern auch in der erziehenden Generation ein Bewußtsein, neue Fähigkeiten und Fertigkeiten, überhaupt eine bestimmte kulturell-charakterliche Dispo-
sition zu gründen, die einem demokratischen Gemeinwesen
entspricht. Dazu war es nötig, bisher im totalitären System
Erlerntes und Erworbenes fallen zu lassen und sich auf einen
neuen kulturellen Horizont einzustellen, und zwar nicht nur durch
das Mittel der Unterrichtung, sondern wesentlich durch das Be-

kanntmachen mit neuen Techniken im zwischenmenschlichen Umgang, durch Gruppenerziehung, demokratische Verfahren, Einüben neuer Verhaltensweisen, Einrichtung neuer Institutionen, die solches Umlernen ermöglichen sollten. Die Schwierigkeiten, auf die dieses Bemühen stieß, widerlegen nicht die Aktualität des Problems, sondern machen nur deutlich, wie fundamental Umlernprozesse bisweilen in das Traditions- und Persönlichkeitsgefüge eingreifen und wie kompliziert die pädagogischen Probleme in solchen Fällen werden können.

Kurt Lewin hat das hier vorliegende Phänomen verallgemeinernd beschrieben:

"Es handelt sich um einen Vorgang, bei dem die Veränderungen von Wissen und Glauben, von Werten und Maßstäben, von gefühlsmäßigen Neigungen und Bedürfnissen und solchen des täglichen Verhaltens nicht stückweise und voneinander unabhängig eintreten, sondern im Rahmen des totalen Lebens, das das Individuum in der Gruppe führt."

"Von diesem Gesichtspunkt aus besteht selbst die Umerziehung eines Zimmermanns, der Uhrmacher werden soll, nicht einfach darin, dem Zimmermann eine Anzahl ihm neuer Handgriffe der Uhrenherstellung beizubringen. Ehe er ein Uhrmacher werden kann, muß sich der Zimmermann ... ein neues System von Gewohnheiten, Maßstäben und Werten zulegen – der Maßstäbe und Werte, die das Denken und Verhalten der Uhrmacher kennzeichnen. Wenigstens wird er das zu tun haben, ehe er mit Erfolg als Uhrmacher tätig sein kann."

"Umerziehung in diesem Sinne entspricht dem Vorgang, durch den das Individuum, während es in die Kultur hineinwächst, in der es sich befindet, sich das Wertesystem und die Anzahl von Tatsachen aneignet, die später sein Denken und sein Verhalten bestimmen werden. Dementsprechend ergäbe sich, daß ... der Umerziehungsvorgang eine Aufgabe zu erfüllen hat, die im wesentlichen einem Kulturwechsel entspricht." (K. Lewin, Die Lösung sozialer Konflikte, Bad Nauheim 1953).

Das von Lewin zur Veranschaulichung herangezogene Beispiel Zimmermann/Uhrmacher ist nicht zufällig gewählt, denn gerade in der Berufs- und Arbeitswelt spielen die Umlernprozesse die auffälligste Rolle. Zudem wird gerade an ihr deutlich, wie innerhalb der größeren Kulturkreise kleinere Subkulturen nebeneinander bestehen, die zwar je eigene Verhaltens- und Wertsysteme ausbilden, die sich aber voneinander doch nicht so stark isolieren, daß es nicht möglich wäre, hinüber- und herüberzuwechseln.

Daß solcher Wechsel nicht ohne Probleme vor sich geht, zeigen die Schwierigkeiten, die bei der Wiedereingliederung von Strafgefangenen entstehen, deren Haftzeit in diesem Sinne als ein Umlernprozeß verstanden werden kann; das zeigen aber auch die Probleme, vor denen jugendliche Industriearbeiter in den ersten Jahren ihres Berufes stehen; Einzelne oder Familien, die in neuer sozialer Umgebung sich zurecht finden müssen; die Schwierigkeiten, die in sogenannten asozialen Wohnbezirken immer wieder entstehen, wenn der Versuch unternommen wird, sie einer höheren Form von Sozialität zuzuführen.

Dieses Nebeneinander verschiedener Subkulturen ist auch ein Aspekt dessen, was soziologisch die Pluralität der modernen Gesellschaft genannt wird; denn es gibt diese Verhaltens- und Wertungsdifferenzen nicht nur als das beklagenswerte Phänomen asozialer Gruppen, sondern — in den Berufen, Konfessionen, Landschaften, sozialen Gruppen, in Geselligkeiten, in Arbeit und Freizeit, privater und öffentlicher Kultur usw. — als ein positives Merkmal dieser Gesellschaft. Soziologisch gesehen ist also das Umlernen ein spezifisches Verhaltensmerkmal des in der modernen Großgesellschaft lebenden Menschen, bzw. ein dieser Gesellschaft innewohnendes pädagogisches Postulat.

Das von Lewin gebrachte Beispiel und seine Ausdeutung könnte dazu veranlassen, von Umlernen nur in besonders aus dem sozialen Prozeß herausragenden Fällen zu sprechen, in solchen Fällen nämlich, in denen es wirklich um fundamentale Umstrukturierungen des Verhaltens- und Wertungs-Systems geht. Unser Hinweis auf den Zusammenhang des Phänomens mit der pluralistischen Ordnung der modernen Gesellschaft sollte indessen zeigen, daß es sich hier um durchaus alltägliche Probleme handelt, die nicht nur in Ausnahmesituationen, sondern in jedem normalen Erziehungsgang auftreten, und zwar aus folgenden Gründen: 1. Das Heranwachsen in der Gesellschaft geschieht heute nicht mehr wie in konzentrischen Kreisen, sondern wie in sich überschneidenden Kreisen, die wohl immer noch ein Stück gemeinsam haben, deren Mittelpunkte aber weit auseinanderliegen können. 2. Die sogenannten „primären" und „sekundären" Gruppen innerhalb der Gesellschaft verlangen nicht nur je besondere Fertigkeiten und Verhaltensweisen, sondern auch je besondere Wertungen, Gesittungen und Gesinnungen. 3. Infolgedessen entsprechen auch die sozialen Rollen, die der einzelne zu spielen und in sich zu vereinigen hat, nicht bruchlos einander, sondern stellen an ihn bisweilen widersprechende Anforderungen. 4. Da in alldem die Identität der Person gewahrt werden soll, erfordert es die moderne Form sozialen Daseins, daß diese Identität sich gerade im Verschiedenen und Disparaten zur Geltung bringt, ohne sich in ihm verlieren.

Die gesellschaftlichen bzw. personalen Bedingungen konkretisieren sich an bestimmten Stellen des Erziehungsganges besonders nachdrücklich. Vielleicht ist das Heraustreten des Kindes aus dem intimen Kreis der Familie nicht nur die erste, sondern auch die folgenreichste der Umlern-Situationen. Das Kind erweitert ja hier nicht nur seinen bisherigen Horizont, die Zahl seiner sozialen Kontakte, die Zahl der ihm zugehenden Informationen, sondern es tritt aus der Familie heraus in einen sozial anders gearteten sozialen Raum ein, der heute im Kindergarten eindrücklich institutionalisiert ist. Zum erstenmal erfährt das Kind hier eine, im Vergleich zu seinen bisherigen Erfahrungen, ganz neuartige Form des Sozialen. Selbst wenn der Kindergarten bemüht ist, an die Erziehungs- und Lebensform der Familie anzuknüpfen, wenn er sich als familienerweiternd und familienstützend versteht, selbst wenn im Berufsbild der Kindergärtnerin die „Mütterlichkeit" eine berufsethische wirkungsvolle Rolle spielen mag, ist nicht zu leugnen, daß er, als soziale Erziehungsform, nicht einmal familienanaloge Struktur hat. In diesem spezifischen Unterschied zur Familie liegt auch seine spezifische Bildungschance: das Kind lernt nun etwas Neues, etwas Anderes: Mit einer Kindergärtnerin muß man anders umgehen, als mit der Mutter, eine soziale Rolle im Verband gleichaltriger Spielgefährten ist etwas anderes, als die Geschwisterrolle, ein Kindergarten etwas anderes als eine Wohnung. Gerade weil er nicht die Familie ersetzen muß, in die das Kind ja täglich wieder zurückkehrt, kann der Kindergarten seine spezifische Bildungschance nutzen und ausbauen. Es wäre deshalb auch falsch, die zweifellos noch wirksame und noch unentbehrliche sozialfürsorgerische Komponente — Unterstützung der pädagogisch leistungsschwachen Familien — als Prinzip dieser Institution beizubehalten. Tatsächlich geschieht das auch kaum noch; vielmehr wird zunehmend klar, daß er eine pädagogisch notwendige Einrichtung für alle Kinder ist als die erste Chance, das Problem des Umlernens pädagogisch zu bewältigen.

„Der Kindergarten ist die erste Milieuerweiterung über das Elternhaus hinaus — er bietet die erste Gemeinschaft Gleichaltriger neben dem Geschwisterkreis, den er nicht ersetzen kann. Das ruft neue Reaktionen in den Kindern wach; es ist eine vorgreifende Antwort auf erste erwachende Bildungsbedürfnisse, so wie positive Pädagogik immer Vorsorge und Lockung ist. Die Kinder zeigen sich hier anders als zu Hause. Sie üben zum ersten Mal gesellschaftliches Verhalten, insofern sie zum ersten Mal nicht nur Kinder im eigenen Hause sind." (E. Hoffmann, in: Beiträge zur Sozialpädagogik. S. 87 f.).

Die zweite typische Umlernsituation ergibt sich beim Eintritt in die Schule. Bedeutet schon die Spielgruppe für das Kind ein Umstellen auf neue soziale Bedingungen, so erst recht der soziale Zwang, dem das Kind durch die Klasse unterworfen wird. Die jetzt auftauchenden Leistungsanforderungen haben mit dem Gewohnten kaum noch etwas gemein, auch wenn der Übergang in die Schule durch eine Zeit der Eingewöhnung methodisch gemildert wird. Aber gerade die Notwendigkeit, durch die Methode im ersten Schuljahr das Neue für das Kind erträglich zu machen, zeigt die Härte, die für das Kind in diesem Übergang liegt. Die pädagogische Sorgfalt, mit der wir uns praktisch diesem Problem zuwenden müssen, betrifft deshalb auch nicht nur die Aufgabe, dem Kinde die Umstellung, unter Umständen durch hinausgeschobene Einschulung, zu erleichtern, sondern ebenso die Aufgabe, den Schulbesuch zu einer wirklich neuen sozialen Erfahrung werden zu lassen.

In den Gruppierungen und Gesellungsformen des Jugendalters finden wir den dritten Typus von Umlernsituationen. Hier, im Bereich der sogenannten Jugendarbeit oder Jugendpflege, ist der Ort, an dem das Umlernen thematisch, d. h. zum vornehmlichen Gegenstand der Erziehungstätigkeit wird oder doch werden kann. Das Lern-Angebot, das den Jugendlichen hier zur Verfügung steht, reicht von der kleinen Intim-Gruppe bis zu den großen Verbänden, von den Formen personaler Kooperation bis zu realen Formen politischer Verantwortung, von den Inhalten privater Lebensführung bis zu den Inhalten moderner Industriearbeit, von den traditionellen Formen musischer Tätigkeit bis zum Umgang mit den Massenkommunikationsmitteln. Die spezifische Bildungschance, die in der Struktur dieses pädagogischen Feldes liegt, ist deren Vielfalt und Heterogenität und die Tatsache, daß die Angebote sich nicht ausschließen, sondern vom Jugendlichen nebeneinander genutzt werden können; so z. B. die politische Aktivität in der Gewerkschaftsjugend, Zugehörigkeit zu einer Intim-Gruppe, der Besuch von Kursen und Jugendbildungsstätten, die Mitgliedschaft in sogenannten Hobby-Gruppen. Diese Bildungschance wird verspielt, wenn sich die Jugendarbeit monistisch versteht und konzipiert und z. B. die dauerhafte Zugehörigkeit eines Jugendlichen zu einem Verband zum Kriterium ihrer geglückten Form macht.

Ein vierter Typus schließlich ließe sich im Bereich der Arbeit und des Berufes finden. Der Begriff „Umlernen" ist hier, wie auch im Bereich des politischen Lernens, eher beheimatet als in den anderen aufgeführten Situationen. Arbeit und Beruf enthüllen, daß das pädagogische Problem sich im Grunde aus dem Zwang ergibt, der von der zunehmenden Vergesellschaftung ausgeht, hier konkret: aus der Arbeitsmarktlage, die dem einzelnen Menschen nicht mehr den lebenslangen Verbleib in einem „Beruf" garantieren kann.

Dies alles zeigt, daß die Anforderungen, die an die Sozialität des Menschen gestellt werden, beträchtlich gestiegen sind. Es wäre daher merkwürdig, wenn in dem Vergesellschaftungsprozeß Kriminalität, Verwahrlosung und andere Formen sozialer Abweichung geringer würden. „Umlernen" bezeichnet daher auch das sozialpädagogische Problem in Situationen, die dadurch charakterisiert sind, daß hier eine fundamentalere Änderung der Persönlichkeit erforderlich ist, als es in den obengenannten der Fall war.

Die Erziehung im Strafvollzug ist von dieser Art. Es geht dort nicht um das Ändern von Fertigkeiten, Meinungen oder um etwas der Persönlichkeit Äußeres, sondern meist um die Änderung dieser Persönlichkeit selbst, um die Umstrukturierung des Orientierungs- und Wertungssystems, um die radikale Lösung von alten Bindungen und um neue Verwurzelung, ein Sachverhalt, der besonders von der Bezugsgruppenforschung und der Kriminalsoziologie herausgearbeitet wurde. Beim Kriminellen, wie auch in Fällen besonderer Persönlichkeits- oder Verhaltensverhärtung, liegt die Aufforderung zum Umlernen nicht schon in der Situation selbst, sondern sie wird als pädagogisches Problem in sie hineingetragen. In der Erziehungs- und Elternberatung, erst recht in der Psychotherapie, weiß man, wie tiefgreifend die Änderungen sind, die in solchen Fällen stattfinden.

Die Beispiele sollten zeigen, wie grundlegend dieses – noch wenig erforschte – Phänomen für die Sozialpädagogik ist. Von ihm her stellt sich erneut die Frage, ob das sozialpädagogische Feld möglichst große Geschlossenheit oder Offenheit anstreben soll. Aus der Sache scheint sich zu ergeben, daß die Frage nicht als Alternative behandelt werden kann. Von „Umlernen" zu sprechen hat nur dort Sinn, wo bereits gelernt wurde; es setzt die relative Geschlossenheit eines zurückliegenden Erziehungsvorganges, im guten wie im schlechten Sinn, voraus. Sozialpädagogik als eine gezielte Umlernhilfe aber ist gerade dadurch bildend, daß sie den Heranwachsenden aus dieser Geschlossenheit herausführt und ihn neuen Bedingungen seiner gesellschaftlichen Existenz konfrontiert, und darin, daß sie ihm hilft, sich diese Offenheit zu bewahren, die Erfahrung des Umlernens wach zu halten, um nicht in persön-

liche, institutionelle [1]) oder ideologische Verhärtungen zu verfallen.

Daß dieser Zusammenhang zwischen der Fähigkeit, umlernen zu
können und der Charakterstruktur wirklich anzutreffen ist, zeigt
die Tatsache, daß der „autoritäre Charakter" kaum in der Lage
ist, in neuen Situationen auch neu und beweglich zu reagieren, im
Gegensatz zum sogenannten „demokratisch" Erzogenen, der sich
durch eine wesentlich höhere Beweglichkeit und Anpassungsfähigkeit an verschieden geartete soziale Strukturen auszeichnet. Indessen liegt der Verdacht nahe, daß die Sozialpädagogik sich durch
die Forcierung des „Umlernens" nicht nur in den Dienst einer
demokratischen Lebensordnung stellt, sondern zugleich die Anpassung an den status quo gesellschaftlicher Herrschaftsverhältnisse, damit aber deren Rechtfertigung betreibt. Dies ist ein
Vorwurf, der der Pädagogik insgesamt gemacht werden kann und
den sie nicht nur theoretisch abzuweisen, sondern praktisch zu
widerlegen verpflichtet ist. Für unser Phänomen bedeutet das,
daß das Umlernen pädagogisch nur sinnvoll genannt werden kann,
wenn die Fähigkeit der Aufklärung über sich selbst und die Bedingungen der eigenen Existenz, die Fähigkeit der Kritik, und sei
dies in bescheidenstem Rahmen, durch den Umlernprozeß hervorgebracht, aktiviert und gesteigert wird.

---

[1] Ein Fall solcher institutionellen Verhärtung scheint sich in der Schwierigkeit zu zeigen, die der sozialpädagogischen Verwaltung (Jugendamt)
bisweilen das Umdenken in pädagogisch praktische Probleme bereitet.

4. Konflikte

Isoliert man das, was wir bisher über Anpassung und Umlernen feststellten, aus dem unendlich vielgestaltigen Zusammenhang der Biographie jedes einzelnen Menschen, so wäre das Mißverständnis möglich, hier werde die Meinung vertreten, der „normale" Vorgang des Aufwachsens und Reifens ginge, wenn er glücklich verläuft, ohne Reibungen und Störungen vor sich. Dies aber ist, wie jedermann weiß, nicht der Fall. Vielmehr gehört es durchaus zum „Normalen", daß der Heranwachsende in Situationen stärkerer oder schwächerer Auseinandersetzungen gerät, für die die glättenden Vokabeln „Anpassen", „Lernen" oder auch „Umlernen" sprachlich kein angemessener Ausdruck sind, die aber auch in den durch diese Begriffe umschriebenen Sachverhalten nicht aufgehen. Hätte es die Pädagogik nur mit Mechanisierbarem zu tun, brauchte uns diese Unzulänglichkeit freilich nicht zu beunruhigen; dann allerdings würde sie sich selbst aufgeben.
Indessen: Der Mensch ist „das konfliktträchtige Wesen" (Lückert). Konflikte, wenn wir sie als das „gleichzeitige Bestehen oder Anlaufen von mindestens zwei Verhaltentendenzen" (Hofstätter) verstehen, gehören zu seinem individuellen Schicksal, wie sie auch zur Struktur der Gesellschaft gehören, in der er existiert. Damit sind — in psychologischer Vereinfachung — die definitorischen Merkmale für eine Fülle menschlicher Situationen angegeben, die erst in ihrer konkreten Form die Probleme deutlich werden lassen, auf die mit dem Konfliktbegriff hingewiesen werden soll.
Sozialpädagogisch relevant werden die Konfliktphänomene dadurch, daß in ihnen und ihrer Bewältigung einerseits sich erzieherisches Gelingen oder Mißglücken dokumentiert, und daß andererseits Konflikte nie nur einen psychologisch isolierbaren, sondern immer auch einen die Veränderung der Person betreffenden, also einen Bildungssinn haben. Dieser Bildungssinn tritt besonders in jener Entwicklungsphase hervor, in der zum ersten Mal in der Entwicklung jedes Einzelnen Konflikte im präzisen Sinne

des Begriffs und als Ernstsituationen bewältigt werden müssen, in der Reifezeit. Die Tatsache, daß sie sich immer an Gesellschaftlichem entzünden, demgegenüber aber gerade die Produktivität und Entscheidungswilligkeit dessen, der sich im Konflikt befindet herausgefordert wird, unterstreicht noch, daß Konflikte pädagogische Probleme von großer Tragweite enthalten. Spezifisch sozialpädagogisch ist dieses Problem deshalb zu nennen, weil es vornehmlich im Bereich sozialpädagogischer Tätigkeit auftaucht, und weil es — wovon noch zureden sein wird — strukturell mit dem Hineinwachsen in eine industrialisierte und sich demokratisierende Gesellschaft zusammenhängt und von den überlieferten Erziehungseinrichtungen nur sporadisch berücksichtigt werden kann.

Die typischen Gruppen von Konfliktsituationen werden innerhalb der Jugendforschung immer wieder behandelt. Wir brauchen sie deshalb hier nur kurz zu nennen; so zunächst den Generationenkonflikt, sei es auch, wie manche Soziologen meinen, daß er, wenigstens im soziologischen Sinne des Begriffs, das heißt als Konflikt zweier in der Gesamtgesellschaft sich gegenüberstehender sozialer Rollen, im Verschwinden begriffen ist, so wird doch vermutlich von solcher „Nivellierung" zumindest nicht die Diskrepanz zwischen Erziehenden und Erzogenen erreicht, zwischen denen, die erwachsen sind und denen, die es werden wollen, vielleicht in einem ganz anderen Sinne werden wollen, als die Erwachsenen es vermuten, erhoffen oder erwarten. Mit diesem verwandt ist der Traditionskonflikt, die erlebte Diskrepanz zwischen dem bewährten Richtigen, den überlieferten Formen des Verhaltens, der Sitte und des Meinens und dem, was in der aktuellen Situation als hic et nunc erforderlich, brauchbar, richtig und auch sittlich erscheint. Besonders in der Reifezeit ist der Weltanschauungskonflikt ein viel pädagogischen Takt erforderndes Problem; dies besonders in Situationen, in denen die Erziehenden auf die radikalen Fragen der Heranwachsenden nicht mehr aus der Naivität einer kritiklos geglaubten Weltanschauung heraus antworten können, sondern dieser Bereich bei den Erwachsenen selbst voller Konflikte ist; zudem begegnen die radikalen, eine Wahrheit und Verbindlichkeit erheischenden Fragen der Jugend einer gesellschaftlichen Lage, für die die Pluralität der Weltanschauungen konstitutiv ist, es „zu jedem Gedanken einen Gegengedanken" (Musil) gibt. Die alltäglichste Form des Konfliktes ist derjenige Rollenkonflikt, der sich nicht aus dem Vorgang des Heranwachsens ergibt, sondern aus der arbeits- und interessenteiligen Gesellschaft selbst, zum Beispiel dort, wo verschieden strukturierte Gruppen Jugendlicher, mit besonderen Formen,

Tätigkeiten und Einstellungen ein und dasselbe Freizeitheim benutzen.

Alle diese Konflikte können als soziale Konflikte gleichsam äußerlich bleiben. Die Divergenz oder auch Widersprüchlichkeit der Motivationen bleibt dann ein Unterschied der Institutionen, Gruppen oder Individuen; der Konflikt tritt nicht in den Individuen selbst auf, da sie nur ein bestimmtes Interesse gegen ein anderes vertreten. Er kann aber auch – und in diesem Fall intensiviert sich das pädagogische Problem – als ein personaler Konflikt auftreten, in dem die verschiedenartigen Verhaltenstendenzen im Individuum selbst miteinander konkurrieren, das heißt die sozialen Rollenunterschiede bezw. -widersprüche im Subjekt reproduziert werden.

„Da Neurosen und seelische Konflikte durch das Vorhandensein inkompatibler Motivationen (personaler Konflikt) oder auch die Inkompatibilität zwischen Motivation und sozialen Normen (sozialer Konflikt) ... entstehen, diese Motivationen und Verhaltensdispositionen aber gelernt sind, so sind auch diese Konflikte selbst als gelernt zu betrachten. Die Sozialisierung (Sozialisation) kann also zu Konsequenzen führen, die gerade nicht den Zielen und Absichten des Sozialisierungsprozesses entsprechen. Es ist beispielsweise ein Ziel der Sozialisierung in den USA und auch in einigen anderen westlichen Industriegesellschaften, einerseits die Kinder zum Gehorsam in der Familie und andererseits zur Selbständigkeit und Konkurrenz außer Hause zu erziehen. Wenn das adäquate, d. h. situationsspezifische Verhalten richtig gelernt werden soll, so setzt dies die sorgfältige Einübung der Diskriminierung zwischen beiden Situationstypen voraus. Aber häufig mögen die Eltern selbst zu dieser sachorientierten Betrachtung nicht in der Lage sein ... " (Stendenbach, Soziale Interaktion, S. 209).

Damit ist nichts anderes gesagt, als daß personale Konflikte häufig die subjektive Entsprechung der objektiven sozialen Pluralität der Gesellschaft sind. Hängen Konflikte aber so prinzipiell mit der Struktur der Gesellschaft zusammen, dann stellen sie und ihre Bewältigung auch nicht ein zufälliges, sondern für diese Gesellschaft fundamentales und notwendiges pädagogisches Problem dar. Das Eigentümliche dieses pädagogischen Problems wird in der Gegenüberstellung mit Bemerkungen aus einer soziologischen Theorie vornehmlich politischer Konflikte deutlich:

„Eine der wichtigsten Faktorengruppen, die die Intensität von Konflikten zu beeinflussen vermag, liegt im Ausmaß dessen, was man mißverständlich als sozialen Pluralismus, genauer als die Überlagerung bezw. Trennung von sozialen Strukturbereichen bezeichnen könnte. Jede Gesellschaft kennt eine Vielzahl von sozialen Konflikten. Diese — zum Beispiel die zwischen Konfessionen, zwischen Landesteilen, zwischen Herrschenden und Beherrschten — können voneinander getrennt auftreten, so daß die Parteien jedes einzelnen Konfliktes nur in diesem als solche erscheinen; sie können aber auch überlagert sein ... In dem Maß nun, in dem solche und ähnliche Überlagerungsphänomene in einer Gesellschaft auftreten, wächst die Intensität der Konflikte; umgekehrt nimmt die Intensität der Konflikte in dem Maße ab, in dem die Struktur einer Gesellschaft pluralistisch wird, also vielfältige autome Bereiche aufweist. Bei Überlagerung verschiedener sozialer Bereiche bedeutet jeder Konflikt einen Kampf um das Ganze; wer hier im wirtschaftlichen Bereich eine Forderung durchsetzen will, muß zugleich die politischen Herrschaftsverhältnisse verändern. Werden die Bereiche dagegen getrennt, dann hängt von jedem einzelnen Konflikt nicht so viel ab, dann sind die Kosten der Niederlage (und ist damit die Intensität) geringer. " (Dahrendorf, Gesellschaft und Freiheit, S. 224 f.).

Für den Erzieher ist diese Theorie deshalb nicht befriedigend, weil sie die durch den gesellschaftlichen Pluralismus neu entstandene Gruppe von personalen Konflikten unberücksichtigt läßt. Wenn es auch richtig sein mag, daß die Intensität der gesellschaftlichen Konflikte in der pluralistischen Gesellschaft abnimmt, so scheint, wenn man den Berichten von Psychiatern und Erziehungsberatungsstellen, aus Erziehungsheimen und Gefängnissen, aber auch den Erfahrungen aus der Arbeit mit Industriejugendlichen glauben darf, die Intensität der Konflikte, in die der Einzelne in dieser Gesellschaft gerät, eher zuzunehmen. Aber nicht nur die Intensität, auch die Zahl vergrößert sich, so daß, was gesellschaftlich immer reibungsloser abzulaufen scheint, im einzelnen offenbar den entgegengesetzten Effekt macht. Noch Pestalozzi brauchte sich über Probleme dieser Art den Kopf nicht zu zerbrechen; es gab sie nicht.

Konflikte, darauf wiesen wir schon hin, sind nur in einem weiteren Sinne des Wortes Sache der Kindheit. Zwar gibt es auch dort Konflikte im Sinne der Definition, daß nämlich mindestens „zwei verschiedene Verhaltenstendenzen bestehen oder anlaufen";[1]) sie werden aber zu jenem fundamentalen pädagogischen Problem, als welches wir sie herausstellen, erst, wenn die Person ein deutliches Bewußtsein des Konfliktcharakters einer Situation haben kann und zur Entscheidung fähig ist, d. h. wenn sie mit den konkurrierenden Motivationen zugleich Sinnbezüge des eigenen Daseins erfassen oder festlegen könnte. Dazu hat Thomae eine Reihe von Forschungsergebnissen vorgelegt.

„Das Kind lebt an sich in der gleichen Umwelt wie der Jugendliche, erfaßt den konfliktgeladenen Charakter dieser Umgebung aber noch kaum, da die genetischen Voraussetznugen hierzu fehlen. Wir erkennen hier also erneut, daß sich auch in der genetischen Betrachtungen der Bedingungen der Entscheidung innere und äußere Faktoren durchdringen. Das Fehlen jeder Bedingungen, die echte Entscheidung ermöglichen, innerhalb der Kindheit ist nicht nur ein Ausdruck einer mangelnden seelischen Differenziertheit, sondern auch des Fehlens der Freizügigkeit der eigenen Position, wie sie von Lewin als besonders wesentlich für die Betrachtung von Kindheit und Jugend herausgestellt wurde. " (Thomae, der Mensch in der Entscheidung, S. 199).

Für die Erziehung stellt sich nun aber die entscheidende Frage, wie denn Konflikte in den Erziehungsgang hineingenommen werden sollen. Sollen Konflikte vermieden werden, unterdrückt, gelöst oder ausgehalten werden? Soll der Erziehungsvorgang reich oder arm an Konflikten sein? Gibt es gleichsam erziehungsfeindliche und erziehungsfreundliche Konflikte? Die Beantwortung solcher Fragen wird durch den ambivalenten Charakter von Konflikten erschwert, dadurch nämlich, daß sie sowohl fruchtbare Momente im Leben des Menschen, als auch sehr tiefgreifende Gefährdungen darstellen können. Diese Gefährdungen treten vor allem dann auf, wenn Konflikte nicht ausgetragen, sondern unterdrückt werden. Hier ist richtig, was in Hinblick auf die sozialen Konflikte zitiert wurde; die Unterdrückung bedeutet eine Intensivierung, die bis zur Aggression ansteigen kann oder sich in anderen Formen aso-

---

[1]) Das heißt nicht, daß kindliche Konflikte etwa geringere Bedeutung hätten; die gesamte sozialpädagogische Erfahrung überzeugt uns eher von dem Gegenteil. Die Trennung wird hier deshalb vorgenommen, weil das pädagogische Problem hier wie dort ein jeweils anderes ist.

zialen Verhaltens entlädt. Ein alltäglicher Fall solcher Unterdrückungen sind die chronischen Konflikte, die ungelöst in einem Erziehungsverhältnis weitergeschleppt werden und beständige Quellen neuer Konflikte und Störungen sind, der Erziehungsabsicht entgegenwirken und das Bildungsgeschehen der pädagogischen Kontrolle mehr und mehr entziehen. Wir geben ein Beispiel:

> „An ein Elternpaar wird vom Erziehungsberater die Forderung herangetragen, sich über die Hintergründe einer schweren Entwicklungskrise der eigenen Tochter klarzuwerden. Die Besorgnis der Eltern und ihre Bereitschaft, alles für das Kind zu tun, ist eindeutig. Der Erziehungsberater muß jedoch in diesem Falle darauf hinweisen, daß Voraussetzung für eine echte Hilfe die Aufgabe liebgewordener eigener Gewohnheiten der Eltern sei. Die Auseinandersetzung mit diesem Problem (Hilfe für das Kind oder Beibehaltung des eigenen Lebensstiles) setzt ein, dann kommt dieses und jenes dazwischen. Und einige Wochen später ist alles vergessen und blieb alles beim Alten!" (Thomae, a. a. O. , S. 269).

Handelt es sich hier um einen personalen Konflikt der Eltern, der durch die Unfähigkeit, eine wirksame Entscheidung zu treffen, die vorliegenden Erziehungsschwierigkeiten verstärkt und verhärtet, so sind doch vermutlich die weitaus meisten Fälle unbewältigte Konflikte der Heranwachsenden selbst: ein von den Eltern oder Erziehern ignorierter Generationenkonflikt, unbewältigte Konflikte an der Arbeitsstelle, Konflikte aus der Sphäre des Verhältnisses zum anderen Geschlecht usw. – Fälle, in denen der junge Mensch ohne Hilfe bleibt, vor allem ohne die Hilfe der Bewußtmachung, der Klärung und der Regelung der Konflikte, die übersehen, unterdrückt oder nur scheinbar gelöst werden und als unbewältigter Unruheherd die Bildung stören oder verhindern.

> „Wenn ein Naturforscher sich der kausalen Logik verpflichtet weiß und zugleich einer Offenbarungsreligion wie dem Christentum anhängt, ohne dies als Konflikt zu empfinden und zu tragen, wird sein Ich diesem Widerspruch wohl nicht gewachsen sein. Ein unbewußter ‚Ichanteil‘ wehrt den Konflikt ab, der ja eine stetige Angstquelle ist, verleugnet den Widerspruch und begnügt sich etwa mit der recht unverbindlichen Feststellung, jenseits seines empirischen Forschungsbereichs zwinge die Wirklichkeit zur Annahme eines Paradieses. So kommt es zu einem double think (Orwell), bei dem die beiden

Erlebnisbereiche sich scheinbar nicht berühren, nichts miteinander zu tun haben. Zeichen einer gereiften Ichentwicklung wäre jedenfalls das Bewußtsein, daß hier ein Konflikt besteht, und die Fähigkeit, im Bewußtsein des Konfliktes zu leben, wenn eine Entscheidung nicht gefunden werden kann. " (Mitscherlich, Auf dem Wege zur vaterlosen Gesellschaft, S. 191).

Was hier am Erwachsenen gezeigt wird, trifft für den Heranwachsenden mit besonderem Ernst zu, wenn man sich zum Beispiel gegenwärtigt, in welche Konflikte junge Industriearbeiter oder Jugendliche, die im Sexualverhalten sich zurechtzufinden suchen, geraten können. Angesichts solcher Gefährdung durch Vernachlässigung, Unterdrückung oder „Perpetuierung" von Konflikten ist zu fragen, wie denn ihre pädagogische Bewältigung auszusehen habe und ob sich aus der Deutung der Lage der heranwachsenden Generation nicht positiv Gesichtspunkte für die Beantwortung ergeben.
Soviel scheint aus dem Bisherigen schon gewonnen zu sein, daß nämlich eine Vermeidung von Konflikten nicht nur nicht möglich, sondern auch kaum zu wünschen ist, da der junge Mensch ja in eine konfliktreiche Gesellschaft hineinwächst und gezwungen sein wird, mit diesem Reichtum in irgendeiner Weise fertig zu werden. Eine Erziehung, die versuchen würde, einen konfliktfreien Raum zu schaffen und deren Absicht auf das strenge Fernhalten aller konflikt-schaffenden Faktoren gerichtet wäre, würde nicht nur dieses Ziel prinzipiell nie erreichen können, sondern auch frühe Schäden heraufbeschwören und ihre Anbefohlenen früher oder später zusätzlich dem harten Konflikt zwischen dem Gelernten (bezw. gerade nicht Gelernten) und der gesellschaftlichen Realität ohne Hilfe aussetzen. Konflikte sind also ein Thema einer modernen Sozialpädagogik. Was bedeutet es aber, wenn vom „Bewältigen" der Konflikte gesprochen wird?
Soweit es sich um soziale Konflikte handelt, lassen sie sich „regeln". Auf solche Regelungsmöglichkeiten und ihre Nutzung stützt sich u. a. die Demokratie. Die Regelung sozialer Konflikte statt ihrer Unterdrückung ist ein fundamentaler Bestandteil demokratischer Gesellschaften. Insofern solche Regelung nicht nur im Namen der Freiheit der Menschen von Unterdrückung geschieht, sondern auch ein wirksames Mittel ist, dem Menschen zur Freiheit und zur kritischen Bewältigung seiner Situation zu verhelfen, sind sie auch ein fundamentaler Bestandteil der Erziehung. Eine konfliktreiche und eine Vielzahl von Konfliktregelungen ermöglichende Einrichtung der Erziehung ist daher geradezu

wünschen. Solche Einrichtungen aber lassen sich am ehesten im Felde der Sozialpädagogik, hier vor allem im Bereich der außerschulischen Jugendbildung, treffen, wie überall dort, wo Erziehung in Heimen geschieht. Dabei handelt es sich darum, die Regelung von den Jugendlichen nicht nur erleben, sondern rational verstehen und auch einüben zu lassen: in den Konflikten der Gruppen eines Heimes, der Verbände und Organisationen, der Mitglieder der Hierarchie einer Gruppe, der jugendlichen Arbeiter mit ihren Betrieben, der Jugendverbände mit den dazugehörigen Erwachsenenverbänden, -Parteien, -Institutionen. In diesem Sinne handelt zum Beispiel eine kirchliche Gemeinde, die den Austrag eines Konfliktes mit ihrer Jugend verhindert, ihn harmonisiert oder verharmlost, entgegen der Erziehungsaufgabe.

Konflikte, wenn sie geregelt werden sollen, müssen zur Sprache kommen. Nicht ihre Beseitigung ist das Kriterium für das pädagogische Gelingen, sondern ihre Verarbeitung im Bewußtsein. Verarbeitet ist ein Konflikt, etwa zwischen dem Erzieher und seinen Jugendlichen, nicht dann, wenn nicht mehr von ihm gesprochen wird, resigniertes Gelten-Lassen Platz gegriffen hat oder die ursprüngliche Situation wiederhergestellt ist, sondern nur dann, wenn sehr wohl darüber gesprochen werden kann in sachlicher Distanz und unvermindertem Engagement, wenn eine Veränderung stattgefunden hat und eine neue Position erreicht ist.

Anders ist die pädagogische Sachlage bei personalen Konflikten, d. h. bei solchen, die dadurch entstehen, daß mehrere Motivationen in ein und demselben Individuum im Streit liegen. Auch hier könnte man der Meinung sein, daß pädagogisch alles getan werden müsse, um solche Konflikte zu vermeiden, daß die Sozialpädagogik ein isolierendes Verfahren anzuwenden habe, das sowohl die Entstehungsbedingungen von Konflikten reduziert wie auch die unvermeidbaren in den unbewußten Bindungen starker Gemeinschaftsbeziehungen zum scheinbaren Verschwinden bringt. Indessen scheint auch das nicht ausgemacht, wenn es stimmt, daß der personale Konflikt die Reproduktion gesellschaftlicher Konfliktlagen im Subjekt ist. Im Gegenteil: hier scheint der Kern des pädagogischen Problems zu liegen und sich die Gefährlichkeit sowohl wie auch die Fruchtbarkeit von Konflikten grundsätzlich zu erweisen, ihr Bildungssinn sich zu konstituieren. Dieser Bildungssinn liegt darin, daß sie Initiative und das Bewußtsein von Autonomie wecken können, daß sie zu ihrer Bewältigung Produktivität, Distanz und Rationalität erfordert. Damit ist aber zugleich gesagt, daß dieser Bildungssinn sich nicht auf allen Altersstufen und in allen Situationen entfalten kann und deshalb Konflikte nur dort zu verantworten sind, wo die genannten Qualitäten sich reali-

sieren lassen. Eine „konfliktreiche" Erziehung kann so unverse-
hens in pädagogische Verantwortungslosigkeit umschlagen. Mindestens im Leben des Heranwachsenden jedoch können sie
fruchtbare Momente und Augenblicke der Bewährung sein. Gerade
deshalb ist hier die erzieherische Hilfe erforderlich, die das
Austragen des Konfliktes unterstützt und die Flucht vor ihm, das
Unterdrücken, das Verharren im Unbewußten, das Ignorieren,
verhindert:

> Die Aussage eines Jugendlichen „„Manches, was ich vielleicht
> bis jetzt noch für sehr groß und wichtig gehalten habe, wird
> im Angesicht dieses großen, mächtigen Gottes, dessen Gedan-
> ke die Welt erschaffen hat und hält, klein und unscheinbar' be-
> deutet durch die forcierte Antithese groß-klein, daß der Schrei-
> ber so gerne die Konflikte, statt sie zu lösen, verkleinern
> möchte, bis sie dahinschwinden, und daß er die Größe Gottes
> nicht bewundert, sondern als Größe des mächtigsten Zaube-
> rers einspannen möchte für seine Zwecke" (H. Stoffer, Die
> Echtheit in anthropologischer und konfliktpsychologischer
> Sicht, München 1963, S. 194).

Ein nicht geringer Teil sozialpädagogischer Tätigkeiten hat es
indessen mit Fällen zu tun, in denen Konflikte, die objektiv eine
Überforderung des jungen Menschen bedeuten, die wegen des
Versagens der Erzieher latent blieben oder chronisch wurden, zu
Schädigungen geführt haben, die nun eine Neuorganisation der erzieherischen Hilfe notwendig machten. Dazu gehören viele Fälle
von Jugendverwahrlosung und -Kriminalität, aus der Schutzaufsicht, der Heimerziehung, der Erziehungsberatung. Hier ist, in
den leichteren Fällen, der Bildungssinn der Konflikte verfehlt
worden oder er konnte, der Schwere des Schicksals, der Radikalität des Konflikts oder weil sie aus entwicklungspsychologi-
schen Gründen für das Kind noch nicht tragbar waren, garnicht
erst in Erscheinung treten. Die Aufgabe des Sozialpädagogen ist
es dann, die Konfliktfähigkeit wieder oder allererst herzustellen
und den in der neuen pädagogischen Situation nun auch neu entstandenen Konflikt — vor dem Richter, im Heim, in der Zelle, in
der Bewährungshilfe, vor dem Erziehungsberater — zum Bewußtsein zu bringen und fruchtbar zu machen. In solchen Situationen
kann es sich freilich zunächst nicht darum handeln, Konfliktsituationen zu schaffen als Übung und Bewährungsprobe, sondern nur
darum, die verborgenen Konfliktmassen zu heben, vielleicht sie
zu lösen.

Unsere Erörterung bleibe unbefriedigend, wenn wir nicht noch auf die in unserer Gesellschaft allgemeinste Form des Konfliktes, in der der soziale mit dem personalen zusammenfällt, hinweisen würden. Die zunehmende Vergesellschaftung des Menschen schafft eine Diskrepanz zwischen der postulierten Mündigkeit der Individuen und der durch die Anpassungszwänge angesonnenen Konformität. Der Mensch gelangt nicht zu dem Glück, das ihm fortwährend versprochen wird. Die erlebte Vergeblichkeit des Bemühens schlägt sich vielleicht nirgends deutlicher nieder, als im Bewußtsein und Lebensgefühl der Jugend. Der Konflikt, der durch den Vergesellschaftungsprozeß hervorgebracht und ständig erneuert wird, wird zugleich ignoriert und unterdrückt durch ein angepaßtes Verhalten, in dem der Konflikt keinen Platz hat. Daß er aber in der Jugend zur Sprache komme, liegt nicht zuletzt in der Verantwortung der Erzieher.

Literaturhinweise

Brezinka, W.	Erziehung als Lebenshilfe; Wien 1961[2]
Dahrendorf, R.	Gesellschaft und Freiheit; München 1961
Dührssen, A.	Heimerziehung und Pflegekinder in ihrer Entwicklung; Göttingen 1958
Hartley, E. L.	und Hartley, R. L., Die Grundlagen der Sozialpsychologie; Berlin 1955
Heintz, P. u. R. König (Hrsg.)	Soziologie der Jugendkriminalität; Kölner Zeitschrift für Soziologie und Sozialpsychologie, Sonderheft 2; Köln/Opladen, 3. Aufl. 1966
Homans, G. C.	Theorie der sozialen Gruppe; Köln und Opladen 1960
Lewin, K.	Die Lösung sozialer Konflikte; Bad Nauheim o. J. (1953)
Lückert, H.-R.	Konfliktpsychologie; München 1957

Der Mensch als soziales und personales Wesen, hrsg. von G. Wurzbacher; Stuttgart 1953

Mitscherlich, A.	Auf dem Weg zur vaterlosen Gesellschaft; München 1963
Newcomb, Th. M.	Sozial-Psychologie; Meisenheim 1959
Nitschke, A.	Das verwaiste Kind der Natur; Tübingen 1962
Peters, K.	Kriminalpädagogik; Berlin 1960

Zur Psychologie der Lebenskrisen, hrsg. von Ch. Zwingmann; Frankfurt 1962

Spitz, R.	Die Entstehung der ersten Objektbeziehungen; Stuttgart 1960[2]
Thomae, H.	Der Mensch in der Entscheidung; München 1960

C. Aspekte
der sozialpädagogischen
Tätigkeit

1. Fürsorge, Planung, Diagnose

In den vorangegangenen Ausführungen mußten wir uns damit begnügen, die Eigenart erzieherischen Handelns und erzieherischer Maßnahmen im Felde der Sozialpädagogik nur andeutend zur Sprache zu bringen, und auch nur insofern, als sie mit den Grundproblemen des Heranwachsens unmittelbar verknüpft waren. Das reicht aber nicht aus. Vielmehr gibt es einige Schwerpunkte und Merkmale sozialpädagogischer Tätigkeit, deren Hervorhebung nicht nur sinnvoll scheint, sondern die in einer Einführung in die Sozialpädagogik darzustellen auch durchaus notwendig ist. Allerdings kann es sich nicht darum handeln, die Eigenart erzieherischen Verhaltens im allgemeinen darzustellen, so etwa die besondere Art des Verhältnisses zweier Generationen zueinander, von Erwachsenen zu Unerwachsenen, die besondere Art des dabei auftretenden persönlichen Bezuges, die erzieherische Verantwortung, die erzieherische Autorität, das Problem von Zwang und Freiheit, Lohn und Strafe, die Eigenart des Kindes und seiner Bedingungen, die Voraussetzungen des Erziehens im Erziehenden, in den Institutionen, im Erziehungsprozeß selbst usw., obwohl dies alles auch für die Sozialpädagogik unerläßlich ist. Das geschieht in der allgemeinen Pädagogik, deren Ergebnisse für alle erzieherischen Bereiche gleichermaßen Gültigkeit beanspruchen können, für die Familie so gut wie für die Schule und Sozialpädagogik.

Einige Momente des Erziehungsvorganges treten indessen in jedem der Erziehungsbereiche in je charakteristischer Weise hervor. Mögen diese Momente auch einzeln überall dort auftreten, wo erzogen wird, so bestimmen sie zusammengenommen doch das erzieherische Profil, den Grundstil des jeweiligen Bereichs. So ließe sich – was hier nur als Andeutung oder Hinweis gemeint sein kann – der Grundstil der Familienerziehung durch die Begriffe Sorgen, Pflegen, Unterstützen, Gewöhnen, Einüben usw. charakterisieren; der Grundstil der Schulpädagogik durch die Begriffe Unterrichten, Überliefern, Einweisen, Einüben usw. Betrachtet man dagegen die Sozialpädagogik sowohl in ihrer Geschichte und ihren Instutituonen, wie auch in ihrer gegenwärtigen Praxis, dann scheint ihr Grundstil durch Momente der Erziehungstätigkeit charakterisiert werden zu können, deren wichtigste sich in den Begriffen Schützen, Pflegen und Beraten zusammenfassen lassen. Die Beschränkung auf diese Begriffe entbehrt nicht einer gewissen Problematik, und zwar deshalb, weil einerseits sowohl das Schützen wie das Pflegen pädagogische Randerscheinungen genannt werden können und beide Begriff zudem die Patina einer geschichtlich möglicherweise überholten oder doch anfechtbaren Form sozialpädagogischer Tätigkeit (Jugendpflege, Jugendschutz) an sich tragen — zum anderen aber deshalb, weil unter ihnen der Begriff der Hilfe oder Fürsorge fehlt. Es ist kaum zu leugnen, daß gerade dieser Begriff in der Geschichte der Sozialpädagogik eine hervorragende Rolle gespielt hat und ein großes Feld ihrer Tätigkeit durchaus auch decken konnte. Wenn sich überhaupt in den Epochen vor der Aufklärung sozialpädagogische Tätigkeiten nachweisen lassen, dann nur in jenen Formen der persönlichen Hilfeleistung, die als Fürsorgemaßnahmen von Orden und Kongregationen, von Einzelnen und Gemeinden in die Geschichte eingegangen sind. Und noch der moderne Begriff der Erziehungs- bzw. Jugendfürsorge hebt diesen Zusammenhang ausdrücklich hervor — ob zu recht oder unrecht, bleibe dahingestellt.

Unabweisbar scheint es zu sein, daß in der Fürsorge als persönlicher Hilfe ein charakteristisches Moment sozialpädagogischer Tätigkeit institutionalisiert ist. Indessen, will man den Begriff der Hilfe, unabhängig von der Fürsorge als Institution, explizieren, so zeigt sich, daß er im Sprachgebrauch eine viel zu allgemeine Bedeutung hat, um noch einen bestimmten Aspekt der Erziehungstätigkeit bezeichnen zu können. Alles Erziehen ist in irgendeinem Sinne Hilfe, wenn auch persönliche Hilfe. Und umgekehrt ist die fürsorgerische Hilfe nicht schon ohne weiteres auch Erziehung; so zum Beispiel die Altersfürsorge, die Gesundheitsfürsorge. Zur Erziehung wird sie erst, wenn sie nicht nur auf das Wohl des Hilfsbedürftigen, sondern auch auf sein Mündigwerden bedacht ist, d. h. wenn die fürsorgerische Maßnahme als Funktion einer Erziehungsabsicht erscheint, was zum Beispiel im Begriff Erziehungsfürsorge deutlich zum Ausdruck kommt. Hier aber ist die Doppelbezeichnung „Erziehungs-Fürsorge" wenig treffend, denn es handelt sich eben um Erziehung und nicht um Fürsorge, wenn anders dieser Begriff überhaupt eine präzise Bedeutung haben soll. Die Tätigkeit innerhalb der sogenannten Erziehungsfürsorge unterscheidet sich nur unerheblich von der Erziehung in anderen Erziehungseinrichtungen, sie unterscheidet sich lediglich hinsichtlich des von ihr betreuten Personenkreises und der einschlägigen gesetzlichen Bestimmungen. Aber auch verwahrloste Kinder müssen nicht „befürsorgt", sondern erzogen werden. Allerdings scheint der Sprachgebrauch, hier dennoch von Fürsorge zu sprechen, insofern berechtigt zu sein, als in den entsprechenden Fällen die Erziehungstätigkeit durch einen gleichsam fürsorgerischen Akt eingeleitet wird: die Identifizierung einer Person, einer Familie, eines Milieus als hilfsbedürftig; die Feststellung der je besonderen Art von Hilfsbedürftigkeit; das Einleiten von Maßnahmen zur Abhilfe. Die institutionelle Struktur dieser Tätigkeiten könnte fürsorgerisch genannt werden, da alle Fürsorgearbeit in dieser Weise verfährt.

Da aber im Falle der Erziehungsfürsorge diese einleitenden Akte der Erziehung dienen, der Erziehungsabsicht untergeordnet werden, ist es kein glücklicher Griff, das Ganze nach einem untergeordneten Moment zu benennen. Diese begriffslogische Schwierigkeit aber offenbart zugleich eine sachlogische. Was in diesen „fürsorgerisch"-einleitenden Maßnahmen zum Ausdruck kommt, ist nichts anderes, als ein durchgehendes Merkmal der Sozialpädagogik überhaupt: Sozialpädagogik ist immer auch situationsgebundene Erziehungsplanung, in der sogenannten Erziehungsfürsorge wie in jeder Form von Jugendhilfe. Es unterscheidet gerade die Sozialpädagogik wesentlich von der Schulpädagogik, daß sie für besondere Erziehungsnotstände pädagogische Planungsmöglichkeiten bereitstellt, die jeweils den Individuen, Gruppen oder Orten angemessen sind. Deshalb spielen in ihr auch soziale und psychologische Diagnosen, Kenntnis der Rechtsmöglichkeiten, Erwägen der verschiedenen Wege und Methoden eine so entscheidende Rolle. Es gilt, das für die je besondere Erziehungssituation Richtige zu finden. Das gelingt nur, wenn zwischen allen beteiligten Erziehungseinrichtungen bzw. zwischen allen ihren Trägern eine Kooperation stattfindet. Diese Kooperation leistet das Jugendamt. In ihm ist die situationsgebundene Erziehungsplanung institutionalisiert. Das bedeutet nicht, daß sie nur dort praktiziert würde. Jede sozialpädagogische Tätigkeit enthält dieses Moment der Planung: so die Erziehungsberatung, wenn in ihr nach erfolgter Diagnose eine dem individuellen Fall entsprechende Weise der Erziehungsänderung oder Erziehungshilfe überlegt wird; die Bewährungshilfe, die nach dem richterlichen Spruch für den Jugendlichen und mit ihm einen neuen Weg festzulegen versucht; der Jugendpfleger, der im Hinblick auf die Besucher seines Freizeitheimes in einem bestimmten Freizeitangebot seine Planung manifestiert und für beständige Umplanung offen sein muß, wenn er will, daß sein Heim ein erzieherisch bewegliches und wirkungsvolles Feld sein soll.

Die entscheidende Voraussetzung dafür, daß solche Erziehungsplanung in sinnvoller und zweckentsprechender Weise geschieht
ist die sachkundige sozialpädagogische Diagnose der Situation.
Die Ergebnisse der Sozialforschung und der Psychologie sind hier-
bei zwar unentbehrlich, in ihnen ist aber nicht das geleistet, was
für den Ansatz einer sozialpädagogischen Planung erforderlich ist.
Keine noch so gute Repräsentativ-Forschung über die Verhaltens-
struktur moderner Jugendlicher ersetzt für den Sozialpädagogen
die Analyse und Deutung der konkreten Konstellation, in der er
sich befindet. Was ihm durch solche Forschung zuwächst, ist
vielleicht eine kritische Haltung, sind Methoden der Analyse,
Hinweise auf möglicherweise auch in einer Situation gegenwärtige
Strukturen, sind Kenntnisse allgemeiner Gesetze seelischer und
sozialer Verläufe. Seine Situation, die des zu Erziehenden, des
Hilfebedürftigen, des Klienten, ist jedoch nicht das Allgemeine,
sondern das Besondere, das Konkret-Individuelle. So unentbehrlich allgemeinere Forschungsergebnisse sein mögen, die diagnostische Arbeit beginnt immer erst im Augenblick der konkreten
Situation; ihr Gegenstand ist dabei nie das Gegenüber, der Heranwachsende allein, sondern die komplexe Konstellation, in der
er sich im Augenblick solchen Gegenübers befindet: das Gespräch,
die Gruppe, die Familie, das Heim. Das objektivierende Verfahren solcher Diagnose erheischt daher, daß der Sozialpädagoge
auch sich selbst und die von ihm eingesetzten Mittel gleichsam
von außen sieht und in Analyse und Deutung kritisch mit einbe-
zieht. Das erfordert Distanz und Reflexion auch und gerade dort,
wo er selbst intensiv engagiert ist. Es erfordert, daß er imstande ist, sogar dieses Engagement als ein Instrument seiner
Diagnose zu verstehen und zu deuten; denn freilich kann es ein-
flußstarken Erziehern gelingen, pädagogische Probleme gleichsam suggestiv zu lösen. Was ihnen als Bestätigung für die Richtig-
keit ihrer Diagnose erscheint, ist dann möglicherweise die wir-
kungsvollste Verhinderung einer zutreffenden. So kann schon der
Anfang eines Gesprächs, die Form einer Heimeinweisung, der
Stil und die Atmosphäre einer Institution die richtige Diagnose
verhindern oder befördern. Sie wird auf jeden Fall verhindert
werden, wenn der Sozialpädagoge sich dieser Problematik nicht
bewußt ist und sie nicht kritisch berücksichtigt.

Dies geschieht zum Beispiel dem Leiter eines Freizeitheims,
der sein Haus nach bestem Wissen und mit großen Aufwand ein-
richtet. Er trifft diese Einrichtung gemäß seiner naheliegenden
Meinung, daß ein Freizeitheim ein möglichst vielseitiges Be-
schäftigungsangebot zu machen habe und überdies in der Mei-

nung, ein solches Heim müsse, um die Jugendlichen darin fest-zuhalten, mit dem öffentlichen Angebot der Freizeitindustrie konkurrieren können. Er hat daher nicht nur Fachleute für die verschiedenen „Hobbies" angestellt, sondern auch die best-möglichen materiellen Bedingungen (moderne Werkstätten, Fotolabor, Tonstudio etc.) geschaffen. Er ist schließlich ein wendiger Gruppenpädagoge, dem es gelingt, die Jugendlichen nicht nur an die Freizeittätigkeit heranzuführen, sondern sie auch dabei zu halten und beständig zu beschäftigen. Auf diese Weise setzen die Jugendlichen das Gleiche fort, was sie auch außerhalb des Hauses taten und tun, nur gepflegter, systemati-scher. Die Probleme, die sie möglicherweise haben und die sie bedrängen, werden dann aber genauso in den Hintergrund ihres Bewußtseins gedrängt, wie sonst in der Gesellschaft. Das heißt, ein vielleicht entscheidendes Merkmal der Jugendlichen, ein wichtiges Stück ihrer eigenen Realität wird für die „Diagnose" jenes Heimleiters garnicht zugänglich.

Was also zunächst erforderlich ist, um eine gegebene Situation diagnostizieren zu können und einen zweckentsprechenden Er-ziehungsprozeß zu planen, ist das Bewußtsein, daß die Diagnose schon ein Teil dieses Prozesses ist, daß Erziehung und Diagnose getrennt voneinander nicht praktiziert werden können. Das be-deutet: der Erzieher muß seine eigenen Möglichkeiten und seine Grenzen deutlich kennen, er muß wissen, wie die methodischen Mittel, deren er sich bedient, der Stil, in dem er verfährt, die Atmosphäre, die er schafft, beschaffen sind, welche Reaktionen sie erwarten lassen und welche sie ausschließen. Solche Kenntnis ist nicht zureichend möglich ohne soziologisches und psychologi-sches Wissen, und zwar vor allem der Aspekte wegen, die sich durch dieses Wissen erwerben lassen. In der konkreten Situation ist es wichtiger, sie auch soziologisch sehen zu können, als eine Reihe von Daten über die soziale Situation der Jugend im allge-meinen im Gedächtnis zu haben; und dies der Besonderheit jeder Situation wegen, in der immer wieder gleichsam von vorn begon-nen werden muß. [1])

---

[1]) Hier macht sich bemerkbar, daß Untersuchungen auf der Ebene der Jugendamtsbereiche noch fast völlig fehlen. Gerade sie könnten die wirksamste Praxishilfe in dieser Hinsicht sein, besonders, wenn die Praktiker selbst in die Lage versetzt werden, sich an solcher für ihre Arbeit unmittelbar verwendbarer Forschung zu beteiligen.

2. Schutz

Der Gedanke, daß die Jugend geschützt werden solle, erscheint uns heute nahezu selbstverständlich. Aber offenbar hat es Zeiten gegeben, denen er nicht so naheliegend war, oder die doch zumindest keine Veranlassung sahen, ihn so hervorzuheben, wie wir es für nötig erachten. Wurde aber in solchen Zeiten der „Schutz" der Kinder in der Regel als Nachsicht dem physisch Schwachen gegenüber verstanden, der erst zu Kräften kommen muß, ehe man ihn dem Ernst des Lebens aussetzen darf – und diese Kräftigkeit wurde häufig schon für ein erschreckend frühes Alter angenommen – so brachte Rousseau in das Erziehungsdenken eine kritische Wendung gegen die Gesellschaft hinein: nicht nur, weil es noch schwach ist, sondern weil die gesellschaftliche Wirklichkeit das Kind in seiner menschlichen Substanz beschädigt, muß es in Schutz genommen werden.

Die Wahrheit dieses Gedankens stellte sich in ihrer ganzen Tragweite erst im Laufe der industriellen Entwicklung heraus, als die öffentliche Wirklichkeit dieser Gesellschaft immer nachdrücklicher an die kindliche Existenz heranrückte. Kinderarbeit, Großstadt und Verkehr sind nur einige der sichtbaren Zeichen dieser Bedrohung. Allerdings kommt dem physischen Schutz nach wie vor eine fundamentale Bedeutung zu; das Kind hat ein Recht auf diesen als eine Sicherung der vollen Entfaltung seiner physischen Kräfte.

Eine sorgfältige Trennung des Schutzes der physischen Entwicklung von ihren seelischen Komponenten würde aber dem Sachverhalt nicht gerecht. Vielmehr trifft die Meinung, es handele sich hier nicht nur um den Schutz eines körperlich Schwachen, sondern um den Schutz der menschlichen Substanz im Heranwachsenden, die Sachlage genauer. Konsequent geht auch das Jugendschutzgesetz von dieser Einsicht aus, denn es will Kinder und Jugendliche vor solchen Orten und kulturellen Produkten schützen, durch die ihnen „eine sittliche Gefahr oder Verwahrlosung" droht. Diese Formulierung des Gesetzes ist indessen nur die äußerste Zuspitzung des Schutzgedankens. Er ist viel allgemeiner, viel stärker der alltäglichen Erziehungspraxis innewohnend, als daß er sich auf Situationen derart manifester Gefährdungen beschränken ließe. Seine beiden für jede sozialpädagogische Reflexion grundsätzlich bedeutsamen Bestandteile sind:

1. Der aktuelle Schutz der heranwachsenden Generation vor den konkrete Schädigungen hervorrufenden Erscheinungen der modernen Gesellschaft und

2. der prinzipielle Schutz vor dem ganzen Ernst und Zwang des Erwachsenendaseins, das als ein in bestimmter Weise vergesellschaftetes Dasein immer schon eine Reduktion dessen ist, was als menschenwürdig denkbar wäre. Diesem reduzierten Dasein gegenüber erscheint das Kind als der Inbegriff der besseren, d. h. menschenwürdigeren Möglichkeiten.

Damit ist gesagt, daß immer zweierlei im Kinde und Jugendlichen zu schützen ist: seine soziale Gesundheit und seine Humanität. Das Jugendschutzgesetz entfaltet seine Wirksamkeit nur im Sinne der sozialen Gesundheit; als ein Gesetz kann es auch garnicht mehr als dieses leisten. Die zu schützende Humanität aber durchzieht als ein Postulat die gesamte Sozialpädagogik.

Dem pädagogischen Prinzip des Schutzes entspricht ein Erziehungsverfahren in besonderer Weise: das Verfahren des Isolierens. Es gibt kaum eine sozialpädagogische Einrichtung, in der es nicht wenigstens an ihrem Anfang eine entscheidende Rolle gespielt hätte. Die Radikalität der früheren Entwürfe in Rousseaus Erziehungsutopie, in Pestalozzis Stanser Anstalt oder in Fichtes Erziehungsstaat hat es freilich verloren. In den sozialpädagogischen Einrichtungen unseres Jahrhunderts ist es jedoch keineswegs verloren gegangen oder verleugnet, sondern eher in realistischen Kompromissen und angesichts konkreter und bestimmter Notstände präzisiert worden. Dies geschah u. a. schon in der Einführung der Heimerziehung für verwahrloste Kinder und Jugendliche, in den Einrichtungen der Gesellenerziehung Kolpings, in den Jünglingsvereinen des 19. Jahrhunderts, in der Einführung besonderer Abteilungen für jugendliche Kriminelle in den Strafanstalten und dann in der Einführung der Einzelhaft; schließlich auch in der Einrichtung von Jugendfreizeitheimen, in denen sich eine gegen die öffentliche Freizeitindustrie geschützte Atmosphäre ausbreiten soll, in der Einrichtung von Kinderspielplätzen u. a. m.. In allen diesen Fällen von „Isolierung" soll, das ist auch der pädagogische Sinn selbst des Jugendstrafvollzuges, die bessere Möglichkeit des Menschen in Schutz genommen werden vor ihren Verwahrlosungen und Gefährdungen, vor ihrer Verschüttung oder Verhinderung. Der Schutz besteht darin, daß unter den auf den heranwachsenden Menschen einwirkenden Faktoren eine Auslese getroffen wird, durch die nur die gleichsam bessere Hälfte − oder die, welche dem Erzieher als die bessere erscheint − hindurchgelassen wird, nur das, was in einem bestimmten Sinne als „bildend" gilt.

Wovor sollen aber nun, im einzelnen, Kind und Jugendlicher geschützt werden? Auf einen ersten Blick hin scheint die Antwort eindeutig ausfallen zu können: Vor körperlichen Schäden im Verkehr, durch Überforderung in der Arbeit, durch überstarke Nervenreize; vor seelischen Schäden durch falsche Erziehung, durch Frustrationen, durch Lieblosigkeit, Gleichgültigkeit, durch die Fremdheit einer nicht verstandenen oder nicht verstehenden Wirklichkeit der Erwachsenen; vor sittlichen Schäden durch unsittliche Beispiele, durch eine allzu prüde oder allzu libertinistische Öffentlichkeit; vor geistigen Schäden durch die Widersprüche einer differenzierten Kultur, durch Verwirrungen im Hinblick auf das, was wahr und falsch, gerecht und ungerecht, gut und schlecht genannt wird, durch die Widersprüche zwischen den formulierten Postulaten und der Praxis in den Handlungen und Entscheidungen. Denkt man solche Maximen des Schutzes aber in die pädagogische Praxis um, stellen sich zwei Bedenken ein:

Würde man wirklich und konsequent die Jugend vor diesem allen Bewahren, wüchse sie in einer zwar gesicherten, aber gerade darum von der wirklichen Gesellschaft wahrscheinlich allzu großen Distanz auf.

> „Eigenschaften entwickeln sich nicht zuletzt in der produktiven Überwindung von Widerständen, die uns zur Entfaltung unserer Anlagen veranlassen. Reife Eigenschaften sind Lebensweisen, die aus überwundenen Konflikten hervorgegangen sind, wofür die Güte ein großes Beispiel ist. Erziehen heißt Bewahren und Wagen, zeit- und unzeitgemäß zu wirken, für und gegen die Gesellschaft, für und gegen die zu Erziehenden, damit die zu Erziehenden die Konflikte und Spannungen, die daraus folgen, produktiv durchstehen und zu lösen lernen. Wem gegenüber wir eine erzieherische Verantwortung übernommen haben, dem gilt es eine geistige Existenz zuzumuten, auch und gerade im technischen Zeitalter, auch und gerade, weil so wenige bis dorthin durchstoßen und so viel Erziehung fehlgeht und fehlgreift" (H. Roth, Jugend und Schule, S. 239).

Das bedeutet, daß das isolierende Verfahren nur die eine Seite des Schutzes ist. Ohne den jungen Menschen auch die wirklichen Mächte unserer Gegenwart erfahren zu lassen, wird der Schutz kaum auf Erfolg hoffen dürfen. Die Einrichtung der Bewährungshilfe ist eine nachdrückliche Dokumentation dieser Einsicht in der pädagogischen Praxis, ebenso wie innerhalb der Jugendpflege die Einrichtung der Jugendtanzkaffees oder die Erfahrung der Industriejugendarbeit, daß sie darauf angewiesen ist, die Jugendlichen in der ihnen eigenen Wirklichkeit anzusprechen. So gibt die Praxis des Schutzes eigentlich ein dialektisches Problem auf: vor etwas schützen zu müssen, vor dem man indessen nicht anders schützen kann, als so, daß man immer auch durch die Auseinandersetzung mit ihm Kräfte zur Bewältigung in der heranwachsenden Generation stärkt.

Das zweite Bedenken kann sich auf die Forschungsergebnisse zu diesem Problem stützen:

> Abgesehen von den physischen Schädigungen, vor denen die Jugend zu schützen ist, ist generell kaum eine Erscheinung der industriellen Gesellschaft zu nennen, die eine eindeutige Gefährdung des Heranwachsenden bedeutet und vor der er deshalb auf jeden Fall zu schützen wäre. Die vorliegenden Untersuchungen widersprechen sich zum Teil in ihren Ergebnissen, zum Teil lassen sie keine Vergleiche zu, zum Teil konstatieren sie nur augenblickliche Wirkungen, über deren Dauerhaftigkeit damit noch nichts gesagt ist. Vor allem fehlen, worauf besonders Thomae hinweist, Längsschnittuntersuchungen, die hier nahezu allein Klärung schaffen könnten. Besonders die Untersuchung der Wirkung von Massenmedien, auf deren Bedeutung im Zusammenhang des Schutzes gern und oft hingewiesen wird, haben bisher keine verläßlichen Ergebnisse erbracht. Sofern sie aufgrund von Inhaltsanalysen z. B. des Films die Behauptung von deren Gefährlichkeit stützen wollen, beweisen sie kaum viel mehr, als die Abneigung des Autors gegen die ermittelten Inhalte. Wenn damit also die Behauptung von der Gefährlichkeit langfristiger Wirkungen der Massenmedien nicht bewiesen ist, so ist sie doch auch alles andere als widerlegt. Die vorliegenden Forschungen machen es sogar wahrscheinlich, daß die Dauerbeeinflussung, wenn sie unkontrolliert, willkürlich und unmäßig geschieht, Wirkungen hervorbringt, die der Bildung abträglich sind.

Der Erzieher ist gezwungen zu handeln. Er kann nicht warten, bis die Forschung ihm verläßliche Ergebnisse überreicht. Gleichwohl aber wird ihm diese Situation Zurückhaltung auferlegen müssen. Sowohl das Gewährenlassen wie das strenge Behüten ginge an der Sachlage vorbei. Der pädagogische Sinn des Schutzes wird verfälscht, wenn die Erziehung nach pessimistisch-ideologischen Parolen verfährt, er wird vernichtet, wenn sie sich dem Diktat des Faktischen überläßt.

3. Pflege

Dem Schutz korrespondiert die Pflege. Der Begriff enthält eine alte, in der Erziehung immer wieder verwendete Metapher, durch die der Erziehungsvorgang mit Wachstumsvorgängen aus der Pflanzenwelt verglichen wird. Hier wie dort — so will es die Metapher — handelt es sich darum, eine naturhaft angelegte Entwicklung zu ermöglichen und zu fördern, ihre Bedingungen, wie zum Beispiel in der Gartenpflege, zu verbessern. Damit ist kein „Wachsenlassen" gemeint, wenn auch die Art des Eingriff sich durch gärtnerische Behutsamkeit auszeichnet. Die Ordnung des Gartens ist keine Ordnung der Natur; sie ist künstlich. Pflegen ist Kultivieren: die Bemühung darum, daß das naturhaft Gegebene sich in eine vorgefundene Ordnung hineinentwickelt, aber zugleich die Bewahrung und Stützung des Zarten, des Unentwickelten oder des aus anderen Gründen Gefährdeten. Es ist einleuchtend, daß diese Metapher in der Tat auf einen wesentlichen Aspekt der Erziehungstätigkeit hinweist.

Die Pflege korrespondiert dem Schutz insofern und ergänzt ihn, als dieser nur einen Negativ-Aspekt darstellt, für eine positive Erziehungstätigkeit nur Raum gibt, selbst aber nicht mehr ist, als die Sicherung dieses Raumes. Die Pflege ist dagegen eine Form des erzieherischen Handelns am jungen Menschen, die Unterstützung dessen, was zuvor geschützt werden sollte. Wie aber schon aus der Metapher hervorgeht, ist sie nicht eine Unterstützung des Wachstums allein, sondern Kultivierung in einem sehr bestimmten Sinn, eine gerichtete, geordnete Tätigkeit.

Als Kultivierung geschieht die Pflege in zwei verschiedenen Hinsichten. Zunächst geschieht sie als Interesse am Heranwachsenden, bezw. in dessen eigenem, recht verstandenen Interesse. Sie ist die Ermöglichung und Förderung dessen, was sich im Kinde und Jugendlichen zeigt als deren eigene Anlage, Begabung oder Neigung, als deren Bedürfnisse, deren Individualität, als das, was ihnen „Spaß macht", ihnen Freude bringt und den Moment zu einem glücklich erfüllten macht. Erziehung würde zu einem barbarischen Verfahren, wenn dies nicht immer wieder deutlich gesehen würde. Die Sicherung dieses Aspektes auch in den Einrichtungen der Sozialpädagogik ist doppelt erforderlich zu einem

Zeitpunkt, zu dem die mühsam errungene Freiheit von Arbeit und Zwang in der „Freizeit" durch zunehmende Pädagogisierung wiederum reduziert wird und der moralische Druck einer anspruchsvollen Erziehung einfach an die Stelle der Belastung durch Arbeit und Beruf tritt. Der junge Mensch hat nicht nur ein Recht auf Erziehung, sondern auch ein Recht auf einen erziehungsfreien Raum, genauer: auf einen Raum, in den die stärker sach- und normbezogenen Führungsstile nicht hineinragen, sondern das Kriterium des subjektiv erfüllten Augenblick die Zulässigkeit und die Form der Erziehungstätigkeit bestimmt. Kindergarten und Jugendpflege sind deshalb typische Einrichtungen der Pflege, in denen dieser Gesichtspunkt zwar nicht ausschließlich, aber doch vorherrschend gilt. Beide versuchen, das dem Kind und dem Jugendlichen Gemäße und nur dieses in ihrem Raum aufzunehmen, versuchen, von ihrer Bedürfnislage auszugehen, nicht, um desto geschickter und wirkungsvoller ihnen andere Bedürfnisse zu substituieren, sondern um ihnen den Genuß ihres Daseins zu ermöglichen, der ihnen ohne solche Pflege möglicherweise verwehrt bleibt oder vereitelt wird.

Die erzieherische Pflege — und das ist die zweite Hinsicht — ist aber nicht nur die Pflege des subjektiven Glückes, sondern auch, mit diesem zugleich, die Pflege von Formen, Tätigkeiten und Inhalten, also das, was mit dem Wort Kultivierung im engeren Sinne gemeint ist. Aber auch hier kann am Kriterium des erfüllten Moments festgehalten werden. Wie nachdrücklich die Wichtigkeit der Formen, in denen gesellschaftliches Leben sich abspielt, von jungen Menschen erlebt wird und wieviel für ihr Selbstbewußtsein von ihnen abhängt, zeigt sich immer wieder dort, wo man ihnen Gelegenheit gibt, solche Formen zu üben und zu pflegen.

Darüber gibt es zwar keine im Forschungssinne verläßlichen Untersuchungen. Die vielen vorliegenden Erfahrungsberichte legen jedoch die Vermutung nahe, daß diese These eine ziemlich hohe Wahrscheinlichkeit hat. So berichtet H. Kentler aus mehrjähriger Erfahrung mit Industriejugendlichen: „Unsere Industriejugendlichen wurden unruhig, wenn sie nichts zu tun hatten. Sie konnten nicht faulenzen oder „Siesta" halten. Länger als eine halbe Stunde ruhig im Schatten liegen hielten sie nicht aus ... Dem naturnahen Leben im Zeltlager standen sie ziemlich hilflos gegenüber. Sie, die ‚Praktiker', erwiesen sich oft als recht unpraktisch, wenn es galt, einer Regennacht zu trotzen, naß gewordene Sachen auch ohne Sonnenschein zu trocknen und sich ohne technische Hilfsmittel ‚häuslich' einzurichten..." (S. 97). Im Verhältnis der Geschlechter zueinander wird diese

Verlegenheit besonders augenfällig. Sie ergreifen daher dankbar Gelegenheiten, die ihnen Formen der Kommuniaktion vorlebend anbieten. L. Rösner (Jugend in der offenen Tür) und andere berichten aus der Erfahrung in Freizeitheimen das Gleiche. Ähnliche Berichte — obwohl zeitlich weit zurückliegend — haben wir aus der Erziehung verwahrloster und krimineller Jugendlicher von K. Wilker in den Berichten aus dem „Lindenhof" und von W. Herrmann (Das hamburgische Jugendgefängnis Hahnöfersand).

Das ist der Grund, dessentwegen die Geselligkeit in der Sozialpädagogik eine so hervorstechende Rolle spielt. Allerdings muß es sich dabei um Formen handeln, die außerhalb des Erziehungsraumes praktikabel sind oder die sich doch wenigstens partiell übertragen lassen. Diese jugendpflegerische Seite der Sozialpädagogik ist seit je ein Bestandteil der Heimerziehung gewesen. Die Bindung an die dort jeweils herrschende Erziehungsgemeinschaft befördert indessen die Ausbildung von Formen, die zwar der je konkreten Heim- oder Gefängnissituation angemessen sein mögen, in einer anders strukturierten Geselligkeit außerhalb dieser Institutionen aber nur geringe Überlebenschancen haben. Das Gleiche gilt für den durch Tradition entstandenen „Binnenraum" der Jugendpflege, in dem romantisch-volkstümliche Formen des geselligen Umgangs sich halten, die für die Masse der jungen Menschen keine wirklichen Hilfen mehr sind.

So findet sich der pflegerische Aspekt sozialpädagogischer Tätigkeit vor allem in jenen Bereichen, die der Freizeiterziehung zugehören, die eher nach der Struktur des Spiels geordnet sind als nach der Arbeit, der Schulung, des Unterrichts oder der strengen Einübung.

> „Generell ist zu fordern, daß die Maßnahmen der Freizeiterziehung nur einer pflegenden, betreuenden, dienenden Einstellung entspringen dürfen. Jede pädagogische Beeinflussung des Freizeitlebens muß dem Einzelnen seine Eigeninitiative und Eigenentscheidung lassen, soll sie geradezu herausfordern und stärken. Freizeiterziehung muß anregen, ohne zu zwingen, anleiten, ohne zu gängeln, anbieten, ohne aufzunötigen, unterstützen, ohne die Selbständigkeit zu unterdrücken, behüten, ohne jeden freien Spielraum einzuschnüren. Sie soll nur Hilfe bieten, daß der Einzelne fähig wird, die mit der Freizeit gegebenen Chancen zu ergreifen, ohne ihren Gefahren zu erliegen. "

Freizeiterziehung soll „anregen und aneifern", „anleiten und einführen", „anbieten und bereitstellen", „beraten und unterstützen", „behüten und bewahren" und „umgestaltend und verbessernd einwirken" (E. Weber, Das Freizeitproblem, München/Basel 1963, S. 213 f.).

Pflege als Kultivierung der Formen des Umgangs – nicht nur mit Menschen, sondern auch mit Sachen und geistigen Gehalten – bedeutet aber nicht nur deren Angebot, deren Einführung in die Sozialpädagogik, deren Praxis, sondern bedeutet auch deren Verfeinerung, Differenzierung, Verbesserung. In diesem Sinne spricht man vom gepflegten Ton im Umgang Jugendlicher miteinander oder eines Fürsorgers mit seinen Schützlingen, von der gepflegten Atmosphäre eines Heims. Nicht, daß etwas nur gekonnt wird, sondern daß es gut gekonnt wird, gibt hier den Ausschlag. Jeder Sozialpädagoge weiß, wie wichtig, nicht nur für seine Erziehungsabsicht, sondern für das Selbstwertgefühl der jungen Generation es ist, wenn es gelingt, Sitten und Bräuche, Höflichkeiten und Regeln, Feste und Parties mit besonderer Perfektion, in gesellschaftlich ernst zu nehmenden Formen zu praktizieren. Der artistische Reiz und der ästhetische Genuß sind erzieherisch bedeutsame Faktoren, die neben den Inhalten nur allzu leicht vergessen werden. So kann die Vollkommenheit gespielter Formen zum Stil hin sich kultivieren und nun, als Stil einer ganzen Einrichtung, der jeden Neueintretenden in seinen Sog nimmt, zu einer entscheidenden Bedingung pädagogischen Gelingens werden.
Bei aller unterstützenden und sich mehr auf das formale beschränkenden Funktion der Pflege kann sie doch nicht neutral bleiben, kann sie in der Auswahl des zu Pflegenden sich nicht der Willkür des Moments, der Situation, der gerade aktuellen Bedürfnislage überlassen. Pflege ist auch Auswahl; überall in der Erziehung, das liegt in ihrem Begriff, kommen die normativen Kriterien ins Spiel. Insofern greift auch die erzieherische Pflege in einen gesellschaftlichen Prozeß ein. Nicht alles soll in der Sozialpädagogik gepflegt werden, sondern nur das, was als Kompromiß zwischen der Bedürfnislage der Heranwachsenden und der Erziehungsrichtung der Erziehenden zustande kommt. Mit dieser Formel allerdings kann selbst die reaktionärste Form von Erziehung gerechtfertigt werden, aber doch nur dann, wenn die junge Generation nicht wirklich ernst genommen wird, wenn ihr nicht zugetraut wird, daß sie aus sich selbst und in Auseinandersetzung mit der Welt, in der sie lebt, Initiative entwickelt, sich Selbständigkeit erwerben möchte und auch erwirbt, produktiv eigene Formen der Bewältigung und des Umgangs hervorbringen kann, die zu pflegen für die Sozialpädagogik eine sinnvolle Aufgabe ist.

4. Beratung

Das Erziehen ist ein schwieriges Geschäft geworden. Niemand erfährt das nachdrücklicher, als der Sozialpädagoge. Vieles, was sich in gesellschaftlich einfacheren Lagen aus den Lebenszusammenhängen gleichsam von selbst ergab, muß heute nachdrücklich und absichtsvoll in den Erziehungsprozeß hineingenommen oder in ihm hervorgehoben werden. Diese „Künstlichkeit" ist der modernen Erziehung eigentümlich. Wo die Erziehung noch naiv verfährt, bleibt sie in der Regel unzureichend; es stellt sich dann heraus, daß wichtige Erziehungsbedürfnisse vernachlässigt wurden; das detaillierte Bedenken dessen, was der heranwachsende Mensch in den verschiedenen Abschnitten seiner Entwicklung und den verschiedenen Situationen seines jugendlichen Daseins braucht, scheint die notwendige Bedingung des erzieherischen Gelingens zu sein.

Die Tatsache, daß die Beratung als ein Phänomen erzieherischen Verhaltens, wie als eigens für dieses Verhalten geschaffene Institution immer mehr in den Vordergrund der sozialpädagogischen Diskussion und der Jugendhilfepolitik gerückt ist, ist ein augenfälliges Symptom dieser neuen Lage. Diese Tatsache ist nicht nur auf die sogenannte Verhaltensunsicherheit der Elterngeneration in Erziehungsfragen zurückzuführen, sondern auch darauf, daß das Ratsuchen und Raterteilen offenbar keinen festen Ort mehr in unserer Erziehungssitte hat. Auf diese Form pädagogischer Tätigkeit kann aber offenbar nicht verzichtet werden. Infolgedessen nehmen sich spezialisierte Institutionen – Erziehungsberatung, Eheberatung, Familienberatung, Berufsberatung – der vernachlässigten Aufgabe an, nun die funktionelle Lücke zu schließen.

Beratung aber ist nicht nur Sache spezialisierter Institutionen, sie ist eine wesentliche Funktion jedes sozialpädagogischen Erziehungsvorganges; sie ist – wie Schutz und Pflege – ein entscheidender und charakteristischer Bestandteil der Tätigkeit des Sozialpädagogen, gerade weil sie im familiären, nachbarlichen, beruflichen und schulischen Bereich so fühlbar zurückgetreten ist.

„Erzieherische Beratung im Ursinne des Wortes hat es immer schon gegeben und gibt es im funktionellen Sinne auch heute ohne besondere Institutionen: Wenn Nachbarn im Gespräch Sorgen über ihre Kinder austauschen, geht das Gespräch oft unbemerkt in Erziehungsberatung über. Erziehungsberatung betreibt der Hausarzt, wenn er erkennt, daß einzelne Symptome des zu behandelnden Kindes wie Bettnässen, Erbrechen, Kopfschmerzen, Schlafstörungen, Asthma usw. seelisch bedingt sind, und anstatt medizinischer Indikationen eine Erziehungsumstellung der Eltern empfiehlt. Erziehungsberatung betreibt ein Lehrer im Gespräch mit den Eltern und ein Pfarrer, wenn er sich als Seelsorger auch um das häusliche Leben der Familie kümmert. Um Erziehungsrat gehen junge Eheleute nicht selten auch die Großeltern an, wenn sie in neuen, ungewohnten Situationen (bei Krankheiten, bei besonderen Unarten ihrer Kinder) nicht wissen, wie sie sich verhalten sollen. So selbstverständlich dieser Hilfsdienst im täglichen Leben ist, so können wir doch feststellen, daß alle erzieherischen Gespräche im Sinn dieser Beispiele in der heutigen Lebensordnung, in der die Menschen immer distanzierter leben, immer seltener werden." (E. Bornemann, Erziehungsberatung, S. 13).

In dieser Aufzählung handelt es sich um die Beratung Erwachsener, von erziehenden Personen, denen auf diese Weise eine Hilfe bei der Lösung ihrer eigenen Erziehungsaufgabe zuteil wird. Die Beratenden sind solche, die etwas mehr Erfahrung, etwas mehr Autorität, etwas mehr detailliertes Fachwissen über die psychologischen oder pädagogischen Vorgänge mitbringen und infolgedessen zur Raterteilung fähig sind. Das trifft in noch gesteigertem Maße für alle pädagogischen Berufe zu. Und es ist deshalb nicht zufällig, wenn – abgesehen von den eigens eingerichteten Beratungsinstitutionen – alle sozialpädagogischen Berufe, aber auch der Lehrer, die Erziehungsberatung in jenem funktionellen Sinne des Wortes in den Kanon ihrer berufsspezifischen Aufgaben mit einbeziehen: bei den fürsorgerischen und kindergärtnerischen Berufen gehört es seit je zu ihrem Selbstverständnis, und vermutlich wird es auch bei den jugendpflegerischen immer stärker hervortreten, jedenfalls in dem Maße, in dem die Erziehungstätigkeit in Freizeitheimen umfangreicher und komplexer wird.

Es wäre aber unzureichend und dem Phänomen nicht angemessen, wollte man Beratung als spezifische Form pädagogischer Tätigkeit auf den Umgang mit Erwachsenen, vornehmlich Eltern, beschränken. Sie findet auch im erzieherischen Umgang mit den jungen Menschen selbst statt und hat hier sogar ihren pädagogisch entscheidenden Ort. In jedem wenig spezialisierten Erziehungsprozeß — und von dieser Art sind die sozialpädagogischen — ist die Beratung eine Form erzieherischer Hilfe, auf die nur zum Schaden der Heranwachsenden selbst verzichtet werden kann, sofern es sich um Altersklassen handelt, die imstande sind, als Ratsuchende aufzutreten. Der Rat, der Eltern erteilt wird im Hinblick auf die Erziehung ihrer Kinder, ist also nur ein Sonderfall der pädagogischen Situation, die wir allgemein die Beratung nennen, und des Prozesses, der durch sie in Gang gebracht wird.

Die Beratung gehört zu denjenigen Erziehungsvorgängen, die einen Einschnitt im kontinuierlichen Fluß des gesamten Erziehungsprozesses darstellen. Es sind herausgehobene Momente, in denen die Probleme verdichtet hervortreten oder eine besonders dringliche Frage die Unterbrechung des Gewohnten erheischt. Die Beratung beginnt mit einer Frage. Zu einem „fruchtbaren Moment" wird dieser Beginn aber nur, wenn es sich auch in der Tat um eine Frage des Ratsuchenden handelt, wenn er von sich aus in der Tat ein Ratsuchender ist. Es ist ein Erziehungsstil denkbar, in dem die Rolle des zu Erziehenden als Ratsuchender nicht vorgesehen ist, in dem er deshalb in dieser Rolle auch kaum auftreten wird. Dieser Hinweis ist deshalb wichtig, weil, nach allem, was wir über die junge Generation heute wissen, diese nicht von sich aus zum Rate drängt, vielmehr sich in eigenartiger Zurückhaltung als eine gibt, die mit dem Leben zurechtkommt. Es bedarf daher eines Stiles in der Erziehung, der die Frage ermöglicht, zu ihr ermuntert, sie evoziert. Eine „autoritätsarme" Erziehung wird diese Bedingungen eher erfüllen als eine, in der die autoritäre Dominanz des Erziehers das pädagogische Feld in hierarchischer Weise gliedert.

Eine Beratungssituation ist eine Ernstsituation. Auch insofern ist sie aus dem alltäglichen Erziehungsgeschehen herausgehoben. Für den Ratsuchenden bedeutet sie die Vorbereitung einer Entscheidung. Er will aus einer Aporie heraus. Bestimmte Erziehungsmittel können hier keine Anwendung mehr finden, denn der Befragte ist nicht als Erzieher angesprochen, sondern als jemand, der sich im Geflecht der persönlichen und gesellschaftlichen Existenz besser auskennt; man will ihn nicht nur etwas fragen, sondern ihm möglicherweise auch etwas sagen; man erwartet von ihm, daß er zuhört und aus besserer Übersicht eine Antwort gibt. Man erwartet nicht, erzogen zu werden, keine Anweisungen, keine Vorschriften. In dieser Offenheit liegt die Fruchtbarkeit der Situation.

Eine Beratung ist nicht nur eine Auskunft. Zwar genießt auch sie den Vorzug der rationalen Distanz, sie verbindet damit aber den Nachteil, daß der Ratsuchende als zugleich Ratloser sich in einer Abhängigkeit befindet, in die er, im unglücklichen Fall, noch tiefer hineingeraten kann, die aber, soll die Situation pädagogisch, d. h. im Hinblick auf eine Veränderung fruchtbar werden, aufgehoben werden muß. Der Rat hat deshalb zunächst auch keine Verbindlichkeit; die Antwort des Beratenden ist allenfalls Beispiel, nicht Vorbild, das zur Nachahmung oder Befolgung auffordert. Insofern liegt der pädagogische Sinn der Beratungssituation gerade darin, daß sie die Selbsttätigkeit, die Produktivität, die Phantasie des Ratsuchenden anspricht und erregt, daß sie ihn instand setzt, selbst auf einen Ausweg zu verfallen, bzw. die erteilte Antwort nun als gleichsam selbst vollzogene zu akzeptieren oder auch sie zu verwerfen. Eine Beratung, die das Nein des Ratsuchenden nicht duldet oder ihm diese Möglichkeit nicht beständig ernsthaft zugesteht, verfehlt damit ihren Bildungssinn.

Darin erschöpft sich aber nicht der Wert der Beratung. Wichtiger noch als die Erregung von Selbsttätigkeit, Produktivität und Phantasie ist die Tatsache, daß sie ausschließlich im Medium der Sprache, als Gespräch vollzogen wird und damit der Möglichkeit nach immer auch Mitteilung ist, Information. Gerade die Sozialpädagogik ist in Gefahr, diese Seite der Erziehungsaufgabe gering zu achten, sie den Beratungsstellen zu überlassen, und sie neben den auf Charakter und Verhalten gerichteten Bemühungen zu vernachlässigen. Planung ist indessen nicht nur ein Moment der Erziehungstätigkeit, sondern auch ein notwendiger Bestandteil jeder Lebensführung; Planung ist aber nicht möglich ohne Information. Nicht zuletzt ist ja gerade dies ein Motiv für die Einrichtung der Beratungsstellen, was mit besonderer Klarheit in der Berufsberatung hervortritt. Information und Planungshilfe bleibt aber nicht auf diese Institutionen beschränkt. Auch die Schule ist nicht in der Lage, die ganze Masse der Informationen zu vermitteln, die für den Heranwachsenden im Geflecht der modernen Lebensbedingungen unerläßlich sind. Solche Information kann überhaupt nicht in systematischen Kursen gegeben werden, sondern nur von Fall zu Fall, in direkter Hinsicht auf die konkrete Lebenssituation, aus der die Frage erwächst, welche die Beratung herbeiführt. Schließlich ist zweifelhaft, ob es zu wünschen ist, daß für die vielen und differenzierten Informationsbedürfnisse – im Hinblick auf Beruf und Berufschance; auf die realen Möglichkeiten, eine einmal gewonnene Position zu verändern; auf Freizeit und Ferien; auf Probleme des sexuellen Verhaltens; auf die Bedeutung der Großorganisationen und die Möglichkeiten, die ein Einzelner in einer bestimmten Situation in ihnen hat; auf Probleme der privaten Lebensführung; auf Ehe- und Familiengründung; auf konfessionelle, weltanschauliche, ideologische Fragen — daß für diese Bedürfnisse je besondere Institutionen geschaffen werden sollten, oder ob solche Information nicht vielmehr ausdrücklich in jeden sozialpädagogischen Prozeß hineingenommen werden sollten. Das bedeutet nicht, daß dann vielleicht auf die zweckentsprechenden Beratungsstellen verzichtet werden könnte; es gibt deren zweifellos viel zu wenige; pädagogische Arbeitsteilung ist unumgänglich und es wäre eine Utopie, sie prinzipiell zu verwerfen. Sie kann aber dennoch nicht beliebig weit getrieben werden. Vor allem entlastet sie den Erzieher nicht davon, trotzdem die ganze Wirklichkeit des jungen Menschen in seine Konzeption aufzunehmen. Ein Jugendpfleger, der sich lediglich als Spezialist für das Arrangement eines Freizeitangebotes verstünde und seine Praxis diesem Verständnis entsprechend und konsequent betriebe, würde dem Jugendlichen kaum das zukommen lassen, was dieser in einem Freizeitheim, ausgesprochen oder unausgesprochen, sucht.

Die entscheidende Funktion der Beratung endlich liegt darin, daß sie kritische Aufklärung sein kann. Das Gespräch schafft Distanz, es ermöglicht, das Besprochene objektivierend zu betrachten, es ermöglicht ein rationales Verhalten zu sich selbst und zu den Bedingungen der eigenen Existenz. In der Beratung werden nicht nur Antworten gegeben, sondern zugleich neue Fragen formuliert; die rationale Erhellung eines Problems wird so weit wie möglich versucht, um eine Entscheidung vorzubereiten, die, von Vorurteilen und Verfestigungen frei, nach dem Abwägen der vernünftig entscheidbaren Momente getroffen werden kann.

Kentler formuliert diese Funktion der sozialpädagogischen Beratung im Hinblick auf die Industriejugend: „Der Industriejugendliche muß aus seiner abgründigen Welt- und Selbstvergessenheit herausgerissen werden und sich selbst und die Welt, in der er lebt, kennenlernen, sein geistiger Horizont muß erweitert werden, und er muß Anhaltspunkte finden, nach denen er sich orientieren kann. Während er sonst in einer diffusen Welt ohne Bedeutsamkeitsbeziehungen lebt und aus Mangel an verpflichtenden Formen eines ‚inneren Weges' auch kein ‚Koordinatensystem' besitzt, in das er seine Eindrücke von der äußeren Welt einordnen könnte, während er sonst an einer Bewußtseinstrübung leidet, so daß er nicht Stellung nehmen, keine Entscheidungen fällen und Engagements eingehen kann, soll er jetzt auf einen Weg zunehmender Horizonterweiterung und Bewußtseinserhellung gestellt werden, indem er mit der Welt und sich selbst bekannt wird. Es wird dann nicht ausbleiben, daß aus seinem Wissen, was und wie etwas ist, schließlich auch die Fähigkeit entspringt, eine eigene Einstellung zu finden und Stellung zu beziehen. Damit aber hat er sich bereits auch engagiert, denn wenn seine Aufmerksamkeit erst einmal erregt ist, stellt er sich auch bereit für das, was am Horizont des Bemerkens auftaucht, und läßt sich anziehen von dem, das er suchte und nun endlich fand." (H. Kentler, Jugendarbeit in der Industriewelt, S. 54).

Kritische Aufgeklärtheit, engagierte Auseinandersetzung, setzen Information voraus. Im Akt der Selbstaufklärung wird die Information in ein kritisches Selbst- und Weltverhältnis umgesetzt. Das Maß an Aufgeklärtheit, das erreicht wird, richtet sich freilich nach den jeweils besonderen, mehr oder weniger begrenzten Möglichkeiten des einzelnen Jugendlichen. Prinzipiell aber ist sie, in subjektiv angemessener Weise, im Gefängnis so gut möglich wie im Heim für Verwahrloste, in der Jugendpflege so gut wie in der Fürsorge, der Bewährungshilfe oder irgendeinem anderen Arbeitsgebiet der Sozialpädagogik. In der Einzelfallhilfe (Case-Work) ist diese Annahme sogar zur Grundlage der ganzen Methode geworden, obwohl die angestrebte kritische Distanz des Klienten sich hier mehr auf ihn selbst und seine unmittelbaren Lebensumstände, als auf die gesellschaftlichen Bedingungen seiner Existenz bezieht. Beratung soll nicht in die Anpassung hineinführen, sondern vom Konformitätszwang befreien. Ein Rat, der keine Alternative erkennen läßt, sondern nur die gleichsam naive normative Eindeutigkeit der Antwort kennt, verfehlt damit die pädagogische Chance, die in ihm liegt.

So verstanden, ist die Beratung nicht nur eine ausgebaute und methodisch wie wissenschaftlich gesicherte Institution der Sozialpädagogik, sondern ein durchgehendes Moment aller sozialpädagogischen Erziehungstätigkeit. Sie ist ein „fruchtbarer Moment" im Erziehungsprozeß, und zwar sowohl im Hinblick auf die Bildung des Einzelnen, seine Selbstkenntnis und Veränderung, wie auch im Hinblick auf den Prozeß selbst: Das Verhältnis des Erziehers zu dem Heranwachsenden kann sich in solcher Situation von Grund auf verändern, es kann sich hier allererst als persönliches Vertrauensverhältnis konstituieren, es kann die Erziehungsrichtung intensivieren oder überhaupt erst ein bestimmtes Erziehungsproblem stellen, einen Erziehungsvorgang überhaupt erst einleiten oder auch ihn abschließen. Dort, wo durch ein pädagogisches Arrangement der Bedingungen der Erziehung der Erzieher selbst hinter seiner Planung, hinter Gruppen und Aktivitäten, hinter der Atmosphäre, dem Stil, der geglückten Ausstattung eines Hauses zurücktritt, holt die Beratungssituation ihn als den persönlichen und einzelnen, der gebraucht wird, immer wieder hervor; dort, wo Erziehung im Kontinuum eines persönlichen Verhältnisse geschieht, setzt die Beratung Einschnitte und Akzente, intensiviert dieses Verhältnis, indem in ihm der Erzieher sich als ein anderer, nicht nur im Erziehungsprozeß engagierter, sondern als Erwachsener unter Erwachsenen Lebender zeigt.

5. Institutionen

Wir haben bisher Phänomene, Vorgänge und Verhaltensweisen betrachtet, die unabhängig von bestimmten Institutionen in allen Sozialpädagogischen Konstellationen auftreten können. Wir haben dabei die Frage vernachlässigt, ob es nicht auch bestimmte fundamentale pädagogische Institutionen gebe, die gerade für die Sozialpädagogik charakteristisch sind. Dieser Frage wollen wir uns als der letzten zuwenden.

„Fundamentale pädagogische Institutionen" sollen solche Zusammenhänge von Verhaltensweisen und Ordnungen heißen, die als wiederholbare Verfahren dem pädagogischen Prozeß Stabilität und Kontinuität sichern. In diesem Sinne wären dazu zu rechnen alle methodischen Institutionen, also Lehr- und Führungsstile, und die ihnen zuzuordnenden Sozialformen — aber auch alle Ordnungen, in denen das Verhalten in strengerer Weise geregelt ist, wie Familie, Heim, Schule, Lehrwerkstätte usw.

Diese Institutionen sind nun aber keineswegs für die Sozialpädagogik eigentümlich, Methoden und Führungsstile spielen in allen Erziehungsbereichen eine gleich gewichtige Rolle, und es wäre kaum zulässig, den einen oder anderen Stil, das eine oder andere Verfahren einem bestimmten Erziehungsbereich allein oder auch nur vorwiegend zuzuordnen. So darf zum Beispiel ein Verfahren der Gruppenlenkung, in dem der Leiter sich bemüht, weitgehend zurückzutreten und nur indirekt als der Erzieher in Erscheinung zu treten, auf keinen Fall etwa der Jugendpflege oder der Schule oder Heimerziehung vorbehalten bleiben. Allenfalls unter den strenger geregelten Ordnungen ließe sich eine solche Entsprechung konstatieren, da die angegebenen Institutionen selbst ja schon jeweils bestimmte Erziehungsbereiche zu konstituieren scheinen.

Das Heim wäre daher am ehesten als eine sozialpädagogische Institution anzusprechen. In der Tat spielt es auch in keinem Erziehungsbereich eine der Sozialpädagogik vergleichbare Rolle, jedenfalls solange nicht, als die Tagesheimschule noch keine für das Schulwesen charakteristische Erscheinung ist. Schon die Zahl der einschlägigen Veröffentlichungen, wie die Anzahl der inzwischen entstandenen Arten bringt dies nachdrücklich zum Bewußtsein. Die Arten indessen sind zum Teil so divergent, daß es hoffnungslos scheint, eine gemeinsame Theorie zu entwerfen, für alle Arten in gleicher Weise verbindlich reden zu wollen; um nur die am weitesten auseinanderliegenden zu nennen: Heime zur Durchführung der Fürsorgeerziehung, Heime der offenen Tür, Jugendwohnheime. Auf den ersten Blick hat es den Anschein, als wäre diesen Institutionen lediglich der Name gemeinsam. Indessen ist es bemerkenswert, daß das „Handbuch der Heimerziehung" auch eine Pädagogik des Jugendgefängnisse und des Jugendwohnheims enthält, allerdings keine des Jugendfreizeitheims. Hier scheint also nicht der Name ausschlaggebend gewesen zu sein, sondern die innere Struktur der Sache. Es ist daher zu fragen, ob nicht alle Heime und heimähnlichen Institutionen mindestens ein wesentliches Element gemeinsam haben.

Trost hat versucht, solche allgemeinen „Grundprinzipien" des Heims zu formulieren. Er nennt, indem er der geschichtlichen Entwicklung folgt, die nacheinander auftretenden und, nach seiner Behauptung, nach wie vor gültigen Prinzipien: 1. Das Rettungsprinzip; „Retten heißt, die Gefährdeten und Verwahrlosten auf den rechten Weg bringen, den der Wille Gottes anzeigt... Rettung wendet keine Gewalt an. Sie baut auf Freiheit und Freiwilligkeit... Allein die Macht des liebenden Geistes soll die Kinder und Jugendlichen an das Heim fesseln" (Fr. Trost, in: Handbuch der Heimerziehung, S. 405). 2. Das Prinzip der Ertüchtigung; es entspringe „dem gesellschaftlichen Lebenswillen. Gesellschaftliche Zuordnung und Brauchbarkeit gelten als Voraussetzungen der bürgerlichen Existenz. Untüchtige gefährden sich und die Gesellschaft... Im Ertüchtigungsprinzip wird die eigenständige Tüchtigkeit zum grundlegenden und entscheidenden Faktor, auf den die anderen Erziehungsfaktoren bezogen sind" (A. a. O., S. 406). 3. Das Heilungsprinzip; es „entstammt dem Urbedürfnis des Menschen, gesund zu sein;" 4. Das Bewahrungsprinzip; „Bewahrende Heime wirken wie die gesunden Familien. Auch die Familie bewahrt wagend. Sie sorgt in umfassender Weise für ihre Glieder, sie überwacht fast unbewußt ihre Entwicklung, sie gewahrt jede Veränderung, sie wehrt der Gefährdung, aber sie gibt auch Impulse für die Aufnahme erziehender Beziehungen und Zustimmung zu einem Leben außerhalb des Hauses" (a. a. O., S. 409).

Diese Aufzählung zeigt, wie schwierig es ist, Allgemeines formulieren zu wollen ohne einseitig zu werden oder nur das fragwürdig

Selbstverständliche zu wiederholen. Indessen ist doch bemerkenswert, daß alle genannten Prinzipien — wenn überhaupt — ebenso für
die Familie Geltung beanspruchen könnten. Diese Übereinstimmung weist auf zwei Eigentümlichkeiten des Heims hin:

1. Jedes Heim versucht, eine möglichst komplexe Erziehungswirklichkeit zu schaffen und hat daher eine Tendenz auf Familien-
ähnlichkeit. Diese der Erziehungsabsicht innewohnende Tendenz
wird leicht von außerpädagogischen Zweckmäßigkeiten (finanziel-
ler, ideologischer, psychologischer Natur) verstellt. Nicht die
Vorbildlichkeit der Familie, sondern die Vielseitigkeit der pädagogischen Aufgabe rechtfertigt diese Tendenz.

2. Was an den Prinzipien Trosts nicht erkennbar wird, ist die spezifische Bildungschance, die dem Heim innewohnt. Ein Heim ist
keine Familie. Zu beklagen ist dieser Sachverhalt nur, wo es sich
darum handelt, nicht vorhandene Familien für die Kinder zu ersetzen. Deshalb muß das Heim als eine zwischen Familie und
Gesellschaft vermittelnde, familienferne pädagogische Institution
angesprochen werden. Im Unterschied zur Familie nämlich sind
hier in pädagogisch gesicherter Freiheit des Heranwachsens gesellschaftliche Erfahrungen möglich, die innerhalb der Familie
noch ausgeschlossen bleiben.

Damit sind zwei Merkmale des Heims angedeutet, die zwar gegenläufige Tendenzen enthalten, denen sich aber je spezifische
Erziehungsweisen und Erziehungswirkungen zuordnen lassen. So
lassen sich — in reiner Form gedacht — die den beiden Merkmalen
entsprechenden wirklichen Heimtypen als Anfangs- und Endpunkt
einer Skale denken, auf der alle vorkommenden Heimarten in
größerer oder geringerer Entfernung vom einen oder anderen
Endpunkt eingetragen werden können. Auf der einen Seite könnte
zum Beispiel das streng familienanalog strukturierte Waisenheim,
auf der anderen das Jugendfreizeitheim stehen. Hier wäre die
Familienanalogie, dort der gesellschaftliche Sekundärcharakter
minimal oder verschwindend.
Das Gemeinsame für alle Heime aber ist, daß sie die größtmög-
liche Konzentration von Erziehungsmitteln, eine hohe Intensität
der pädagogischen Atmosphäre ermöglichen. Das ist nicht nur
faktisch so, sondern steht als erklärte Absicht, mehr oder
weniger deutlich formuliert, am Anfang jeder Heimgründung.
Selbst moderne Heime der offenen Tür mit der Attitüde pädagogischen Understatements können diese Komponente ihrer Intention
und ihrer Wirksamkeit nicht verleugnen.

Wir sagten, daß es zwar im Falle des Heims nicht abwegig sei, es als charakteristische sozialpädagogische Institution zu bezeichnen, daß im Falle der unfesteren Verfahren aber die Entscheidung nicht so leicht zu treffen sei. Eine Ausnahme bilden indessen die Probleme der Gruppenpädagogik. Sind die Gruppenformen, und in gewissem Umfang auch die in ihnen praktizierten Führungsstile, in Familie und Schule begrenzt, so scheint in der Sozialpädagogik in dieser Hinsicht weit mehr möglich zu sein. Sie ist weder durch den intimen Charakter (Familie) noch durch die starre Klassengliederung und die Bedingungen bestimmter Lehrgegenstände (Schule) auf eine letzten Endes beschränkte Auswahl der Möglichkeiten angewiesen, sondern sie kann prinzipiell alles praktizieren.

Das bedeutet, daß der Gruppenforschung und Gruppenpädagogik im Bereich der Sozialpädagogik eine fundamentale Bedeutung zukommt[1]). Die Kriterien bei der Wahl der einen oder anderen Form, des einen oder anderen Verfahrens, brauchen hier einzig und allein die Situation des jungen Menschen, der unserer gemeinsamen gesellschaftlichen Lage angemessene Stil und die erhoffte Erziehungswirkung zu sein. So kommt es, daß die Vielfalt der anzutreffenden Gruppen in der Sozialpädagogik die denkbar größte ist. Von weltanschaulich stark zusammengehaltenen Jugendgruppen bis zu rein sachorientierten, von informellen clubartigen Gruppen mit wechselnden ad-hoc-Aktivitäten bis zu familienähnlichen Intimgruppen, sind nach Art und Größe alle Möglichkeiten in der Sozialpädagogik als vorkommend denkbar.

Das befördert oder rechtfertigt jedoch nicht die pädagogische Willkür, sondern zwingt zu ernsthaftem Studium und detaillierter Erforschung dieses Problemkomplexes.

Kein sozialpädagogisches Problem ist — da es sich hier um ein fundamentales Problem der Gesamtgesellschaft handelt — so intensiv erforscht, wie dieses. Infolgedessen hat sich auch der ursprünglich einfach und eindeutig scheinende Begriff der Gruppe als einer „Gemeinschaft" aufgelöst in eine Vielzahl von Aspekten und Phänomenen, die je in besonderer Weise für die Sozialpädagogik relevant sind.

Diese Differenzierung begann, als Tönnies die Begriffe „Gemeinschaft" und „Gesellschaft" voneinander schied und die Pädagogik glaubte, daß für sie nur die Gruppenformen vom Typus der „Ge-

---

[1]) Wenn hier von Gruppenpädagogik die Rede ist, dann nicht in dem terminologischen Sinn der einen oder anderen Schule oder Theorie, sondern lediglich in der Bedeutung von „Erziehung innerhalb von Gruppen".

meinschaft" interessant seien. Die weitere Forschung hat die große Bedeutung von Gruppen dieses Typs bestätigt und sie, unter je anderem Aspekt, näher bestimmt als „Primär-Gruppen", „Intim-Gruppen", „In-Groups", „Überschaubare Gruppen" – Bestimmungen, die jeweils eine besondere Möglichkeit hervorheben. In der Tat spielen diese Gruppen in der Sozialpädagogik eine hervorragende Rolle, da sie ein dichtes Netzwerk von Kommunikationswegen in persönlichen Beziehungen – „face-to-face-relations" – herstellen, das für die Ausbildung fundamentaler Verhaltensweisen und Wertungen unentbehrlich ist.

Die detaillierte Erforschung von Gruppenprozessen hat die naive und pauschale Wertschätzung der „Gemeinschafts-Gruppe" jedoch fragwürdig erscheinen lassen, und zwar dadurch, daß eine Reihe pädagogisch relevanter Entdeckungen gemacht werden konnte.

1. Formelle und informelle Strukturen: Die von außen sichtbare oder an formulierten Regeln ablesbare institutionelle Struktur einer Gruppe (formelle) muß nicht identisch sein mit den wirklichen, vielleicht wechselnden Beziehungen, Wertungen und Strebungen (informelle Gruppe) ihrer Mitglieder. Diese informellen Gruppierungen sind aber erzieherisch von entscheidender Bedeutung, weil sie von den dynamischen Interaktionen der Gruppenmitglieder abhängen und sich unter Umständen gegen das formelle System (Klasse, Jugendgruppe, Heimgruppe, Betriebsgruppe) und seine besondere Art richten können, damit aber Quelle von Konflikten werden. Je autoritär-hierarchischer eine Gruppe formell strukturiert ist, umso weniger wird vermutlich der Gruppenleiter von der informellen Struktur erfahren, umso fragwürdiger wird seine Erziehungswirkung.

2. Gruppenstile: Was in einer Gruppe pädagogisch geschieht, ist abhängig von der Art der Beziehungen in ihr, von der Verteilung der Rollen, von der Rolle des Führers, kurz: von der Atmosphäre oder dem Stil. Zum Beispiel steigt bei stark autoritär gelenkten Gruppen unter den Mitlgiedern die Aggression, besonders gegen Schwächere, nimmt das Wir-Gefühl ab, steigt die Unterwürfigkeit; dagegen nimmt bei kooperativ geführten Gruppen die Anpassungs- und Umstellungsfähigkeit zu, die Aggressivität ab, die Fähigkeit zu Objektivität und Distanz zu – um nur einige Merkmale zu nennen. „Das soziale Klima, in dem ein Kind lebt, ist für das Kind ebenso wichtig, wie die Luft, die es atmet" (Lewin).

3. Vorurteile: Die starken persönlichen Bindungen, die in einer face-to-face- Gruppe herrschen, sind nicht schon an sich etwas Gutes. Die soziale, emotionale und Bewußtseinssicherheit,

die sie vermitteln, werden durch ein relatives Sich-Abschließen nach außen erkauft: die „in-group" neigt dazu, eine gegen die „out-group", die „Anderen" gerichtete Ideologie zu pflegen (Antisemitismus, Elite-Ideologien, Cliquenbildungen usw.). Dadurch wird verhindert oder erschwert, was eine wesentliche Aufgabe der Erziehung ist: das Vermeiden oder Abbauen von Vorurteilen.

4. Die starke Binnenkonsolidierung der face-to-face-Gruppe birgt eine weitere Gefahr: sie befördert nicht nur das Entstehen von Vorurteilen, sondern erschwert auch die Aufnahme anderer Sozialbeziehungen. Die pädagogische Beschränkung auf die überschaubare Gruppe kann die Beschränktheit der sozialen Erfahrung und Beweglichkeit unterstützen. Wenn es auch letzten Endes nicht die Aufgabe der Erziehung ist, den Heranwachsenden den gesellschaftlichen Bedingungen anzupassen, so muß sie doch seine Anpassungsfähigkeit bilden, ihn für die differenzierten Erfahrungen mit der Gesellschaft offen halten.

5. Jeder Mensch braucht eine Bezugsgruppe, auf die er sein Selbstbewußtsein und Selbstwertgefühl beziehen, auf die er es stützen kann. Die Bezugsgruppe muß nicht zusammenfallen mit der Gruppe, in welcher er die meiste Zeit seines Tages verbringt. Die aus der Diskrepanz entstehenden Konflikte bergen für die Erziehung des Einzelnen entscheidende Probleme. Jugendkriminalität, besonders Bandenbildung, findet in der Bezugsgruppentheorie eine unter anderen Erklärungen. Aber ebenso, wie mit ihrer Hilfe negative Erscheinungen erklärt werden können, können auch positive Entwicklungen gefördert werden, etwa durch Einflußnahme auf solche Bezugsgruppen und ihre allmähliche Umstrukturierung (vergleiche die Arbeit der SAG nach dem ersten Weltkrieg in Berlin, die Bemühungen nordamerikanischer Sozialarbeit, die Erfahrungen mit jugendlichen Banden in europäischen Großstädten) oder durch die Neubildung von Bezugsgruppen in der offenen und halboffenen Jugendarbeit (Schutzaufsichtsgruppen, Gruppen in Freizeitheimen, in der offenen Industriejugendarbeit, der Arbeit der Sozialpfarrämter usw.).

6. Im Zusammenhang mit den Problemen der Bezugsgruppe steht ein Begriff, der innerhalb der Sozialpädagogik zunehmend an Bedeutung gewinnt: die jugendliche Subkultur (oder Teilkultur). Es hat sich gezeigt, daß zwar nicht die Jugend im Ganzen innerhalb unserer Gesellschaft sich als eine „Kultur in der Kultur" formiert, wie von der Jugendbewegung inspirierte Theorien etwa anzunehmen geneigt sind, — daß aber innerhalb der jungen Generation sich Gesellungsformen herausbilden, die — mit mehr oder weniger tauglichen Mitteln — in bestimmten Verhaltensweisen sich

den gesellschaftlichen Zwängen wenigstens vorübergehend zu entziehen trachten. Bemerkenswert ist, daß die beiden exponiertesten in den USA beschriebenen Formen solcher Subkulturen — die Bande und mittelständische College-Clique — sich gegen die beiden Haupttabus der bürgerlichen Gesellschaft richten: gegen das Eigentums-Tabu im einen und das Sexual-Tabu im anderen Fall. Auch bei uns hat man das Entstehen von Subkulturen zu bemerken gemeint, so z. B. bei den im Zusammenhang des Jugendtourismus auftretenden Gruppenbildungen. Als Möglichkeiten der Heranwachsenden — auch im Falle devianter Verhaltensweisen —, sich damit von ihrer sozialen Herkunft zu emanzipieren, sind sie durchaus sozialpädagogisch relevant, besonders, da durch sie eindringlich jene Stellen im Sozialisierungsprozeß markiert werden, die problematisch sind und auf gesamtgesellschaftliche Zusammenhänge verweisen.

Schon diese Andeutung der pädagogischen Gruppenprobleme und ihrer Differenzierung zeigt, wie allgemein ihre Bedeutung für die Sozialpädagogik ist. Wahrscheinlich könnte eine zukünftige Theorie der Sozialpädagogik ausgehen von einer solchen, alle Phänomene der Gruppenerziehung einschließenden Theorie einerseits und andererseits einer Theorie der erzieherischen Einzelhilfe. Es wären damit die allgemeinen Grundlagen gegeben, deren fortschreitende Differenzierung und Konkretisierung jene noch ausstehende Theorie der Sozialpädagogik entfalten würde.

Die hier vorgetragenen Prospekte auf eine sozialpädagogische Theorie sollen indessen nicht abgeschlossen werden, ohne daß noch auf ein in den Zusammenhang der Gruppentheorien gehörendes Phänomen hingewiesen wird, das, wenn nicht alles täuscht, in der sozialpädagogischen Praxis zunehmend an Bedeutung gewinnt: das team. Mehrere Motive sind vermutlich wirksam, die das Vordringen dieser Institution begünstigen und zugleich rechtfertigen:

1. Die Unausweichlichkeit der Arbeitsteilung auch im Felde der Erziehung, die eine Spezialisierung des Einzelnen auf jeweils spezifische Aspekte der Erziehungsaufgabe erfordert und die ebenso unausweichliche, weil von der Erziehungsaufgabe her gebotene, Zusammenfassung der zunächst geteilten Aspekte;
2. die mit dem Erziehungsproblem in einer sich demokratisierenden Gesellschaft gestellte Forderung, in der Erziehungsorganisation, in ihren Institutionen, die hierarchisch-autoritären Formen der Kommunikation zu verlassen zugunsten von kooperativen Verfahren in der Zusammenarbeit der Erzieher;
3. Die Unsicherheit im Hinblick auf gültige Erziehungskonzeptionen und das damit zusammenhängende Bedürfnis nach Modellen

von Lebens- und Erziehungsmöglichkeiten, die beispielgebende Wirkung haben können; die Einsicht in die erzieherische Fruchtbarkeit solcherart anschaulicher und praktischer Antworten einer kleinen Gruppe auf die Herausforderungen der gesellschaftlichen Lage.

Nicht alle drei Motive werden in jedem team wirksam sein. Aber wo auch immer sich ein Erziehungsteam konstituiert, wird mindestens einem dieser drei eine entscheidende Funktion zukommen. Freilich handelt es sich dabei um eine Form der pädagogischen Initiative, deren Verbreitung noch alles andere als allgemein ist. Indessen ist sie doch für Erziehungsberatungsstellen, für manche Ausbildungsstätten und Heime, für manche Einrichtungen der Jugendarbeit schon nahezu selbstverständlich. Die dennoch wenigen Ansätze, die inzwischen existieren, geben aber zu der Vermutung Anlaß, daß sich in der Schicht der Erziehenden und der institutionellen Struktur ihrer Zusammenarbeit innerhalb der sozialpädagogischen Einrichtungen, von der Jugendbildungsstätte bis zur Heimerziehung, von den Wohlfahrtsschulen bis zum Jugendamt, eine Veränderung vollzieht, in der ein entscheidender Faktor der sozialpädagogischen Berufsrolle und der künftigen Erziehungsarbeit hervorgebracht wird. Diese Vermutung ist zugleich ein Postulat, wenn man der Meinung ist, der Sozialpädagoge habe vorwegnehmend zu praktizieren, was er von dem jungen Menschen als dessen zukünftigem Verhalten erhofft.

Der Begriff der Institution ist hier im anthropologisch-sozialpsychologischen Sinne des Wortes verwendet worden. Darüber hinaus aber sind sozialpädagogische Institutionen auch gesellschaftlich determinierte Gebilde, die vielfältig mit ihren sozialen Bedingungen verflochten sind. Was in einem Erziehungsfeld und wie es geschieht, ist nicht unabhängig von den soziologischen Aspekten zu denken, soll es in seiner Wirklichkeit erkannt und beschrieben werden. Wie jede Erziehungswirklichkeit ist auch die sozialpädagogische keine Wirklichkeit für sich, sondern gesellschaftliche Wirklichkeit. Das bedeutet, daß in sie gleichsam „außerpädagogische" Bedingungen — aber diese Formulierung ist eigentlich schon falsch — hineinragen: die materiellen Bedingungen der Institution; die Interessen des Trägers und seine Organisation; die pädagogischen Erwartungen, die der Träger produziert, wie die Erwartungen, die andere seiner Einrichtung entgegenbringen; die Organisationsformen, deren die Einrichtungen sich bedienen, insbesondere die Formen der Verwaltung usw.. Solche Bedingungen sind nicht nur wichtig im Hinblick auf das Selbstverständnis und die Zielsetzungen der Träger sozialpädagogischer Arbeit, der Verbände und Behörden, sondern auch für die Zielsetzungen,

Vorstellungen und Einstellungen der Erzieher selbst, die in ihnen arbeiten. Sie erreichen also auch die tägliche Gestaltung des Erziehungsfeldes, die in ihm anzutreffenden Prozesse, die betroffenen jungen Menschen und die Bildung, die ihnen zuteil wird. Ohne solche institutionelle Selbstaufklärung bliebe die Sozialpädagogik blind ihrer eigenen Wirklichkeit gegenüber. Der unauflösliche Zusammenhang von pädagogischen und politischen Phänomenen wird erst in diesen — bisher fast völlig fehlenden — Institutionsanalysen ganz deutlich. Der pädagogisch „gute Wille" wird durch die gesellschaftlichen Bedingungen, denen er unterliegt und in denen er sich verwirklichen will, je gefördert oder gehemmt, als ein bestimmter hervorgebracht oder verhindert, er wird bisweilen, für den Erzieher unmerklich, umgebogen, so daß sein Selbstverständnis mit seiner Praxis nicht mehr in Einklang steht. Jener pädagogische Wille bedarf solcher einschränkenden Erkenntnis, solcher relativierenden Selbstkritik, um sich selbst desto effektiver verwirklichen zu können.

Literaturhinweise

Es ist fast unmöglich, zum vorstehenden Abschnitt eine Literatur-
auswahl zu geben, da es kaum eine sozialpädagogisch relevante
Veröffentlichung gibt, in der nicht der eine oder andere unserer
Begriffe behandelt wäre. Andererseits gibt es auch keine Veröffentlichung, die einen Begriff gesondert und ausführlich zur
Darstellung brächte. In der folgenden Auswahl sind deshalb, wie
übrigens in den anderen Literaturhinweisen auch, nur wenige „Ein-
stiege" angegeben.

Bals, Chr.   Halbstarke unter sich; Köln 1962
Beiträge zur Sozialpädagogik, hrsg. von L. Besser, M. Stahl,
                       E. Hoffmann, E. Wingerath, F. Sopp; Heidel-
                       berg 1961
Bornemann, E.   Erziehungsberatung; München 1963
Handbuch der Heimerziehung, hrsg. von Fr. Trost, Ffm. 1952 ff.
Kentler, H.   Jugendarbeit in der Industriewelt; Mchn. 1960[2]
Konopka, G.   Social Group Work: A Helping Process; New
                       York 1963
Müller, C. W.; Kentler, H.; Mollenhauer, K.; Giesecke, H.
                       Was ist Jugendarbeit? Vier Versuche zu einer
                       Theorie; München 1964
Rössner, L.   Jugend in der Offenen Tür; München 1962
Rünger, H.   Heimerziehungslehre; Witten 1962
Schepp, H.-H.   Offene Jugendarbeit. Jugendhöfe und Jugend-
                       gruppenleiterschulen in der Bundesrepublik
                       Deutschland; Weinheim 1953
Scherpner, H.   Theorie der Fürsorge; Göttingen 1962
Schiller, H.   Gruppenpädagogik (Social Group Work) als Me-
                       thode der Sozialarbeit; Wiesbaden 1963
Vogel, M. R.   Das Jugendamt im gesellschaftlichen Wir-
                       kungszusammenhang; Köln/Berlin 1960
Weber, E.   Das Freizeitproblem; München 1963
Wurzbacher, G.   (Hrsg.) Gruppe, Führung, Gesellschaft; Mün-
                       chen 1961

D. Bewertung und Kontrolle abweichenden Verhaltens- Aporien bürgerlich-liberaler Pädagogik

In einer Untersuchung zu Fragen der Erziehung jugendlicher Strafgefangener im nordrhein-westfälischen Jugendstrafvollzug heißt es: „Die soziale Integration jugendlicher Rechtsbrecher hat nur dann Aussicht auf Erfolg, wenn es der Erziehung im Jugendstrafvollzug gelingt, sie vor ihrer Entlassung zu r e - i n d i v i d u a l i - s i e r e n , d. h. sie aus allen Gruppenzwängen zu befreien und sie in ihr Recht als eigenverantwortliche Persönlichkeiten einzusetzen."[1] Es heißt weiter, der Jugendliche „erkennt rückblickend, daß seine Straftat das Ergebnis einer vielleicht unbeabsichtigten, jedenfalls aber von ihm nicht verantworteten Anpassung an Gruppenzwänge ist, die die Freientwicklung seiner Person behindert, und er entdeckt schließlich, daß sich hinter dem vermeintlichen Nonkonformismus seines ehemals abweichenden Verhaltens eine besondere Art des Konformismus verbirgt".

In diesen Sätzen kommt ein bemerkenswertes Mißverständnis zum Ausdruck: abweichendes Verhalten, in diesem Fall von der Art der Jugend-Delinquenz, wird als Konformismus bestimmt, als zwanghafte Unterwerfung unter Gruppennormen — und die pädagogische Perspektive ergibt sich aus der Orientierung am Individualitätsbegriff. Darin steckt — so müssen wir interpretieren — die empirische Annahme, daß für jugendliche Delinquenten die individualistische Orientierung nicht nur ein pädagogisch zweckmäßiges Mittel der sogenannten Resozialisierung ist, sondern zugleich eine realistische Chance späterer Lebensbewältigung darstellt. Nun gibt es freilich Theorien, die wenigstens die eine Hälfte der Annahme nahelegen, nämlich daß das „Verlernen" von kriminellem Verhalten damit zusammenhängt, daß der Jugendliche sich aus dem Orientierungshorizont gruppenspezifischer krimineller Normen löst; diese

---

[1] G. Deimling: Theorie und Praxis des Jugendstrafvollzugs aus pädagogischer Sicht. Darmstadt/Berlin 1969, S. 296.

Theorien aber versuchen e x p l i z i t nur die E n t s t e h u n g von Jugendkriminalität zu erklären, nicht aber die Wirkung pädagogisch korrigierender Kontrollen. Indessen ist es nicht diese Ungenauigkeit und nicht hinreichend begründete Hoffnung des Verfassers, die hier besonders bemerkenswert wäre, sondern vielmehr die Tatsache, daß es sich um ein s y s t e m a t i s c h e r z e u g t e s Mißverständnis handelt, das an Entscheidungen hängt, welche vor der Wahl empirisch erklärender Theorien den Erkenntnisgang bestimmen: es handelt sich um ein Stereotyp bürgerlich-liberaler Pädagogik.

Die zitierten Sätze also, so lautet meine These, sind nicht zufällige Einzelerscheinungen in einer Spezial-Untersuchung, sondern sie enthalten das Interpretationsmuster, nach dem innerhalb der deutschen Pädagogik verfahren wird, wenn Phänomene abweichenden Verhaltens, hier auf der Skala zwischen „Verwahrlosung" und „Kriminalität", zum wissenschaftlichen und praktischen Gegenstand werden. Dieses Interpretationsmuster ist nicht erst neuester Herkunft; es hat seine Geschichte, die die Geschichte der Pädagogik in der bürgerlichen Gesellschaft von Rousseau bis auf unsere Tage ist. Es ist liberal, da es jener Reihe von Erziehungstheorien zugehört, die sich nicht ausdrücklich der Befestigung bestehender Herrschaftsverhältnisse und Ungleichheiten verschrieben haben, sondern die an deren Aufhebung interessiert sind.

I.

Der Ausgangspunkt dieses erziehungstheoretischen Denkens kann in der Entgegensetzung von pädagogischen Normen einerseits und den in der Gesellschaft tatsächlich geltenden Normen andererseits gesehen werden [2]).

Die völlige und utopische Isolierung des „Emile" ist die nachdrücklichste Darstellung dieses Problems. In seiner gesellschaftlichen Existenz tritt der homme dem citoyen gegenüber, ein Widerspruch, der sich in der Reflexion auf seine Bedingungen als Entfremdung darstellt. „Wer in der bürgerlichen Ordnung den Naturgefühlen den Vorrang einräumen will, der weiß nicht was er will. Stets im

---

[2]) Vgl. dazu Roeder: Erziehung und Gesellschaft. Ein Beitrag zur Problemgeschichte unter besonderer Berücksichtigung des Werkes von Lorenz von Stein. Weinheim/Berlin 1968, S. 313 f.

Widerspruch mit sich selbst ... wird er nie ein echter Mensch noch ein echter Bürger sein."[3])

Vor dem Hintergrund eines so formulierten Grundwiderspruchs erscheinen die speziellen pädagogischen Probleme, die sich auf Phänomene abweichenden Verhaltens beziehen, marginal. Aber hätte nicht dennoch der Anfang vielversprechend sein können, da doch die Verschränkung von „Natur" und „Gesellschaft" und die Auffassung des Erziehungsvorganges in Kategorien der Entfremdung wenigstens formal ein Verständnis dissozial-abweichenden Verhaltens im Zusammenhang seiner gesellschaftlichen Genese zuläßt? An Schleiermacher, der versucht hat, politisch-soziale Elemente ausdrücklich seinem systematischen Erziehungsdenken zu integrieren[4]), zeigt sich, warum eine solche Vermutung nicht viel für sich hat: Die Analyse der Erziehungsvorgänge ist nämlich eine Analyse derjenigen Probleme, vor denen das Bürgertum im Augenblick seiner Emanzipation steht. In der Erziehungstheorie Schleiermachers bedeutet das zweierlei:

1. Ein Schlüsselproblem für die auf die aktuelle Erziehungssituation sich richtende Kritik ist die Funktion der aristokratischen Herrschaftseliten. Ihnen gegenüber wird die bürgerliche Gesellschaft als ein Ganzes gesehen, dessen Selbständigkeit als die Selbständigkeit ihrer Individuen sich nur im Abbau jener Herrschaftsansprüche entfalten kann. Entfremdung ist demnach jene pädagogische Heteronomie zu nennen, die — vermittelt durch die staatlich repräsentierten pädagogischen Herrschaftsansprüche jener Eliten — den Bürger an der Entfaltung seiner Individualität hindert. „Wenn die Staatsregierung meint, daß die politische Gesinnung nur bei wenigen zu sein brauche, und daß die Masse gewöhnt werden müsse, diesen mechanisch zu folgen, d. h. wenn die Regierung vorherrschend aristokratisch ist, so ist natürlich, daß sie sich auch darum, ob in der Masse politische Gesinnung entwickelt werde oder nicht, gar nicht bekümmert. Wenn sie von diesem Gesichtspunkt ausgeht, so ist auch natürlich, daß die Idee die sein muß, daß die Regierung in den Händen jener kleinen Anzahl bleibe, sei diese nun durch die Geburt bestimmt oder anderswie; dann aber liegt

---

[3]) J. J. Rousseau: Emil oder über die Erziehung. Aus dem Französischen übersetzt von H. Denhardt. Leipzig o. J., S. 20. Vgl. dazu auch die Interpretation in M. Rang: Rouseaus Lehre vom Menschen. Göttingen 1959, S. 34.

[4]) Vgl. dazu P. M. Roeder, a. a. O., S. 105 ff.

darin allzu leicht ein Bestreben, die Masse zu hindern, daß nicht etwa das jüngere Geschlecht mit einer solchen Gesinnung bekannt gemacht werde und zu solchen Fertigkeiten gelange, die zum Herrschen tüchtig machen. Es wird also die Absicht der Regierung sein, die Masse bloß auf der Stufe mechanischer Fertigkeiten festzuhalten." [5]

Der Normbegriff von Sozialität, von dem her diese Kritik vorgetragen wird, wird als freie Wechselwirkung der ihre Vernunft entfaltenden bürgerlichen Individuen gedacht. Dissozialität kann deshalb nur erscheinen als Unterdrückung dieser Entfaltung durch politische Institutionen, die der bürgerlichen Gesellschaft entgegenwirken — oder als die Stufe einer überhaupt noch nicht entwickelten bürgerlichen Vernunft bei der „niedersten Volksklasse". Dieser gegenüber wird der herrschaftskritische Gedankengang von Schleiermacher jedoch nicht wiederholt: die „niederste Volksklasse" bleibt l e g i t i m e r w e i s e ein Objekt von Bevormundung, zwar nicht durch den Staat, aber durch die bürgerlichen Assoziationen.

2. Da die Gesellschaft als bürgerrechtliche Gesellschaft — wenn auch von Schleiermacher nicht so entschieden behauptet wie von Humboldt — als das pädagogisch herstellbare Produkt der freien Wechselwirkung der Individuen erscheint, kann unter ihren Bedingungen Dissozialität nur als ein aufzubessernder Mangel erscheinen, der wesentlich das einzelne Individuum betrifft. Die materiellen und damit auch kollektiven Bedingungen solcher Wechselwirkung werden von Schleiermacher nicht diskutiert; im Unterschied zu den pädagogischen Vorstellungen der Frühsozialisten ist die „soziale Frage" nicht sein Gegenstand. Insofern, als er nämlich nur einen Teil — den bürgerlichen — der sozialen Realität erfaßt, bleiben auch seine Auffassungsweisen der pädagogischen Realität abstrakt „in dem doppelten Sinne, daß materielle Momente und die Tatsachen der Herrschaft und des innergesellschaftlichen Konflikts (mit Ausnahme des Konflikts zwischen Adel und Bürgertum, K. M.) weitgehend ausgeklammert sind" [6].

Pestalozzi scheint in seinem Versuch, die Erziehungssituation der Dissozialen zu begreifen, einen Schritt in der Analyse weitergegan-

---

[5] Fr. Schleiermacher: Pädagogische Schriften Bd. I, Vorlesungen aus dem Jahre 1826, hrsg. von E. Weniger, S. 119, ferner auch Bd. II S. 162 ff.
[6] P. M. Roeder, a. a. O., S. 111.

gen zu sein. Für ihn erscheint die Gruppe der extrem verarmten Abhängigen nicht nur als Modifikation im Rahmen der bürgerlichen Erziehungstheorie mit allgemeinem Anspruch, sondern gleichsam als der Prototyp entfremdeten Daseins. Sie ist ein extremes Exempel für das Fehlen von Freiheit und Gleichheit und deren pädagogische Folgen[7]). So heißt es ironisch in seiner „Predigt an die Franzosen": „In dieser Welt ist folgen und rechttun Euere Pflicht. Der arme und gemeine Mensch muß auf den Himmel achten... Ihr solltet hingegen nicht glauben an Freyheit und Gleichheit, denn da sowohl der Himmel als die Hölle royalistisch regiert werden, weder unter den Engeln noch unter den Teufeln keine Freyheit und keine Gleichheit, so begreifet Ihr, daß es für Euch — Ihr möget nun am End in Himmel kommen oder in die Hölle müssen — in allen Fällen besser ist, Ihr gewöhnt Euch in diesem kurzen Aufenthalt in der Welt nicht an eine Ordnung der Dinge, die Euch in Ewigkeit doch nie zuteil wird."[8])

Das Problem der Dissozialität löst sich für Pestalozzi eben nicht mit den bürgerlichen Freiheiten, wenn nicht zugleich das sozialpolitische Problem der beesonderen Lage der untersten Volksklassen in die Überlegungen mit eingeht. Sein Begriff der „Individuallage" als eines fundamentalen Aspektes pädagogischer Analyse dokumentiert diesen Versuch, noch unterhalb der bürgerlichen Erziehungstheorie gesellschaftspolitische und pädagogische Betrachtungsweise zu vermitteln[9]). Es deutet sich darin mindestens die Ahnung an, daß dissoziales Verhalten dort, wo es als Merkmal kollektiver sozial deprivierter Lagen auftaucht, in anderen Kategorien als denen bürgerlicher Pädagogik begriffen werden muß.

Indessen ist die deutsche Pädagogik kaum über diese Ahnung hinausgekommen. Zum einen wirkten ihr Vorstellungen entgegen, die von einer naiven Identifikation von „Verwahrlosung" und „Proletariat" ausgingen, und — in ihrer konservativen Ausprägung — dieser sozialen Gruppe im ganzen gegenüber die pädagogische Aufgabe lediglich als Disziplinierungsfunktion bestimmten. Das hat seine Parallele in der auch von Liberalen — z. B. von Humboldt — ausgesprochenen Meinung, daß das Proletariat, da ihm Vernunft und Willen zur Sittlichkeit ohnehin fehlten, notwendig der Reli-

[7]) Vgl. dazu H. Worm: Pestalozzi und Freud. Diss. Frankurt a. M. 1970.

[8]) J. H. Pestalozzi: Sämtliche Werke. Hrsg. von Buchenau u. a., Berlin 1927 ff., Bd. I, S. 45.

[9]) Vgl. dazu P. M. Roeder, a. a. O., S. 327, und H. Worm, a. a. O.

gion bedürfen, um überhaupt in die bürgerliche Gesellschaft integriert werden zu können. Zum anderen galten die Wertorientierungen des Bürgertums und damit auch dessen Herrschaftsanspruch derart ungebrochen, daß ein anderer Bezugsrahmen gar nicht auftauchte — wie wir an Schleiermacher gesehen haben.

Dieses Verhältnis der bürgerlichen Gesellschaft zu ihren Subgruppen wiederholte sich nun in der pädagogischen Praxis wie in der pädagogischen Theorie: Die Erziehungstheorie befaßte sich im wesentlichen mit den Problemen des Bildungswesens und damit mit der Gesamtbevölkerung nur insofern sie dem bürgerlichen Selbstverständnis integrierbar war. Die pädagogischen Reaktionen auf Dissozialität wurden — wie Schleiermacher empfohlen hatte — den „bürgerlichen Assoziationen", insbesondere aber den Kirchen überlassen. Die in Pestalozzis Begriff der „Individuallage" aufgeschienene Ahnung verdämmerte wieder. Es blieb jedoch das Interpretationsmuster, das in seinem bürgerlichen Bestandteil die Re-Integration von abweichenden Individuen in den normativen Horizont der bürgerlichen Gesellschaft betreibt und in seinem liberalen diese Aufgabe ausschließlich am Begriff der Individualität orientiert.

II.

Die systematische Stilisierung der pädagogischen Probleme, die sich mit den Phänomenen dissozial-abweichenden Verhaltens ergeben und ihre vorgängige Bewertung unter dem Aspekt der bürgerlichen Lebenspraxis wäre nicht derart bemerkenswert, wenn solche Theorien sich nur auf die abweichenden Jugendlichen der b ü r - g e r l i c h e n Jugend bezogen hätten. Das war aber und ist nicht der Fall. Nach wie vor entstammen diejenigen Kinder und Jugendlichen, die vorwiegend — im 19. Jahrhundert nahezu ausschließlich — einer resozialisierenden Erziehungspraxis in entsprechenden Institutionen unterworfen werden, den unteren sozialen Schichten. Zwar verfügen wir nicht über eine Gesamtstatistik, die über die soziale Herkunft aller Jugendlichen Auskunft geben könnte, die in der BRD in Erziehungsheimen und Jugendstrafanstalten untergebracht sind; aus vielen Einzeluntersuchungen aber läßt sich erschließen, daß der Anteil der Unterschicht-Jungen auf ca. 75 %, der der Unterschicht-Mädchen auf ca. 80 % geschätzt weerden darf [10].

---

[10]) Vgl. dazu K. Mollenhauer: Gesellschatliche Bedingungen der Sozialpädagogik. In: Erziehung und Emanzipation. München ³1970.

Das Stereotyp, nach dem im 19. Jahrhundert Proletarisierung und Verwahrlosung nahezu gleichbedeutend, mindestens aber als unmittelbar zusammenhängend gedacht wurden, ist also nicht schlechterdings falsch. Tatsächlich scheint es so zu sein, daß die Lebensbedingungen der Unterschicht eine Sozialisationspraxis begünstigen, die der Entstehung dissozialer Verhaltensweisen förderlich ist. Bei solcher Formulierung aber ist zu bedenken, daß der Begriff Dissozialität selbst ein Moment von Bewertung enthält, deren Kriterien der betroffenen Bevölkerungsgruppe durchaus fremd sein können. Das gleiche gilt dann auch für die pädagogischen Behandlungsstrategien, die sich an jene Bewertung anschließen und mit ihr begründet werden. Unsere Frage ist, ob die vorherrschenden Bewertungs- und Behandlungsstrategien in Theorie und Praxis geeignet sind, den besonderen Problemen der Dissozialität als eines vorwiegend unterschichtsspezifischen Verhaltenssyndroms angemessen zu begegnen. Meine Antwort und damit zugleich meine zweite These lautet: Das beschriebene, der bürgerlich-liberalen Erziehungstheorie entstammende Interpretationsmuster spielt nach wie vor eine derart dominierende Rolle, daß — am Erfahrungs- und Interpretationshorizont der betroffenen Gruppen, wie auch an der intendierten Effektivität gemessen — die relative Wirkungslosigkeit der einschlägigen pädagogischen Institutionen unter anderem auf dieses Muster zurückgeführt werden muß.

Ich werde deshalb im folgenden und im Anschluß an jenes Interpretationsmuster drei Merkmale der pädagogischen Orientierung im Bereich der Resozialisierung abweichender Jugendlicher diskutieren, die praktisch folgenreich sind: den durch die Wertorientierung der bürgerlichen Pädagogik entstehenden „Stigmatisierungseffekt", das Konzept der totalen Institutionalisierung und die Orientierung an einem formalen Arbeitsbegriff.

1. Der Stigmatisierungseffekt. In einem pädagogischen Text aus dem Jahre 1928, 1949 zum zweiten Mal und in der Folge in mehreren Auflagen wieder veröffentlicht, der innerhalb der Erziehungswissenschaft bis in die jüngste Zeit zu den entscheidenden, die sozialpädagogische Diskussion begründenden Texten gerechnet wurde, finden sich die folgenden Sätze: „In manchen Städten gibt es jetzt die Häuser der unverträglichen asozialen Familien, die wegen ihres unausstehlichen Betragens exmittiert wurden und nun irgendwo am Rande der Stadt untergebracht werden, wahre Brutstätten von Zank und Verbrechen. Wenn es zu toll wird, müssen Schutzleute kommen und Frieden stiften; ein Teil der Insassen bevölkert immer wieder die Gefängnisse und ist ein Attrak-

tionszentrum für alle schlechten Elemente der Stadt. In dieser Brutluft der Gemeinheit, die ohne alle erzieherischen Kräfte gelassen ist,
wächst die neue Jugend auf."[11]) Das sind gewiß keine theoretischen Sätze; an ihnen zeigt sich aber etwas Allgemeines: die Furcht
des Bürgers vor dem, was er für eine Bedrohung seiner eigenen
Vernunft hält. „Unausstehliches Betragen", „Brutstätten von
Zank", „unverträglich", „Brutluft der Gemeinheit" — das sind Bewertungen, deren positiver Abdruck wesentliche Bestandteile der
bürgerlichen Lebensweise skizziert: gesittetes Betragen, Selbstbe-
herrschung, distanziertes Verhalten usw. In der Terminologie der
einschlägigen Untersuchungen aus dem Bereich der Sozialisations-
forschung hieße das: Aufschub von Triebbefriedigung, an der Zukunft orientierte Zeitperspektive, rationales Planungsverhalten,
individualistische Wertorientierung, antizipierendes Rollenverhal-
ten, Aufstiegsmotivation u. ä. Das ist ein Verhaltenssyndrom, dessen Entstehung Norbert Elias in umfangreichen und detaillierten
historisch-psychologischen Untersuchungen als den „Prozeß der Zivilisation" der bürgerlichen Gesellschaft beschrieben hat. Er
schreibt: „Es handelt sich bei dieser oft beobachteten, geschichtlichen Rationalisierung in der Tat nicht darum, daß im Laufe der
Geschichte viele, einzelne Menschen, ohne Zusammenhang miteinander, gleichsam aufgrund einer Art von prästabilierter Harmonie,
zur selben Zeit von ‚innen' her ein neues Organ oder eine neue Substanz entwickeln, einen ‚Verstand' oder eine ‚Ratio', die bisher noch
nicht da war. Es ändert sich die Art, in der die Menschen miteinander zu leben gehalten sind; deshalb ändert sich ihr Verhalten; deshalb ändert sich ihr Bewußtsein und ihr Triebhaushalt als Ganzes.
Die ‚Umstände', die sich ändern, sind nichts, was gleichsam von
‚außen' an den Menschen herankommt, die ‚Umstände', die sich ändern, sind die Beziehungen zwischen den Menschen selbst."[12]) Vor
dem Hintergrund dieser Tatsache, daß es sich bei der Entstehung
der bürgerlichen Lebensweise um eine große moralisch-geschicht-
liche Anstrengung handelt, ist es nicht überraschend — wenngleich
alles andere als legitim —, wenn auch die Pädagogik solche Identi-
fikationen übernimmt und mit ihren negativen Bewertungen dasjenige abzuwehren versucht, was als fremdes Verhalten, als asozial,
als materiell sich darstellende Unvernunft bedrohlich erfahren
wird. Die in den Untersuchungen Dörners zur Sozialgeschichte der

---

[11]) H. Nohl: Pädagogik aus dreißig Jahren. Frankfurt a. M. 1949, S. 185.
[12]) N. Elias: Der Prozeß der Zivilisation. Bd. II, Basel 1939, S. 377.

Psychiatrie [13]) nachgewiesene Ausgrenzung der Geisteskranken aus der bürgerlichen Gesellschaft mit den Mitteln administrativer Verdrängung hat ihre genaue Parallele in der Behandlung von dissozialen Jugendlichen. Die Bedrohung, die sie und ihre Herkunftsgruppe darstellt, wird neutralisiert durch ein bis in individuelle Interaktionen hinein nachweisbares Muster, das in der Interaktionstheorie Goffmans „Stigmatisierung" genannt wird [14]). Gemessen an der bürgerlichen Wertorientierung erscheint nicht nur der einzelne delinquente Jugendliche, sondern erscheinen die Verhaltenseigentümlichkeiten der sozialen Gruppe, der er angehört, als Makel, als Stigma. Kraft der materiellen Überlegenheit und mit Hilfe der öffentlichen Institutionen von Jugendgerichtsbarkeit und Jugendhilfe wird die Stigmatisierung für den Betroffenen zu seiner Definition als eines abweichlerischen Individuums. Diese Definition wird „Teil seiner öffentlichen Identität" [15]), „dissoziales Verhalten verdichtet sich, wie man sagen könnte, zur R o l l e des Dissozialen; sie ist Produkt einer self-fulfilling-prophecy" [16]).

Im Anschluß an die interaktionstheoretischen Überlegungen Goffmans können wir drei Aspekte der sozialen Stigmatisierung von dissozialen Jugendlichen formulieren, die aus dem Festhalten der Pädagogik an ihrem bürgerlichen Bezugsrahmen folgen und die für die entsprechende Erziehungspraxis charakteristisch sind:

1. Das abweichende Individuum wird als dissozial, z. B. „verwahrlost", klassifiziert und erleidet damit jene stigmatisierende Rollenzuschreibung.

2. Es wird Prozeduren der Diagnose unterworfen, in denen solche Rollenzuschreibung institutionalisiert wird und zugleich einen Schein der Rechtfertigung erhält.

3. Es wird einem Sozialisationssystem, z. B. dem Erziehungsheim, zugewiesen, wodurch der Makel noch einmal verstärkt und er gleichsam öffentlich diskriminiert wird. Zudem reproduziert das Erziehungsheim zu einem beträchtlichen Teil gerade jene Sozialisationsbedingungen von Ärmlichkeit, Zwang und Restriktion, die

---

[13]) K. Dörner: Bürger und Irre. Frankfurt a. M. 1969.

[14]) E. Goffman: Stigma über Techniken der Bewältigung beschädigter Identität. Frankfurt a. M. 1967.

[15]) A. Cohen: Abweichung und Kontrolle. München 1968, S. 180.

[16]) H. Thiersch: Stigmatisierung und Verfestigung des abweichenden Verhaltens. In: Zeitschrift f. Päd. 1969, S. 378. Für das folgende vgl. besonders E. Goffman: Asylums. Penguin Books 1968.

in dem Herkunftsmilieu die Entstehung von Dissozialität begünstigt haben und Anlaß für die soziale Stigmatisierung gewesen sind.

Das gravierendste Dilemma ergibt sich aber aus einem Widerspruch der Erwartungen, die mit den Grundlagen der pädagogischen Orientierung zusammenhängt. Auf der einen Seite wird der dissoziale Jugendliche durch den Vorgang der Stigmatisierung aus dem Horizont bürgerlicher Lebenserwartung und Identifizierungschancen ausgegrenzt und einer Beeinflussungsstrategie unterworfen, die ihn aus den restriktiven Bedingungen seiner sozialen Herkunft nicht befreit, sondern ihm dort allenfalls eine materielle Überlebenschance vermittelt. Andererseits werden ihm sowohl in den persönlichen Interaktionen mit Sozialpädagogen und Sozialarbeitern, im Zusammenhang desselben Stigmatisierungsaktes die Wert- und Normorientierung des bürgerlichen Selbstverständnisses nahegebracht, in der Erwartung, daß eine Integration in diesen Orientierungshorizont erfolgt. Beide Erwartungen widersprechen sich. Was der Jugendliche h ö r t , ist ein individualistischer Appell an seine Integrationsbereitschaft; was er materiell erfährt, ist, daß dieser Weg nicht die Chance darstellt, die seinem Lernen offenstünde. Die Struktur dieser Situation ist in ihren formalen Elementen derjenigen ähnlich, die Haley im Zusammenhang von Interaktionsanalysen bei schizophrenen Patienten zur Deutung verwendet: Wenn eine Mutter zu ihrem Kind sagt: „Komm auf meinen Schoß!" — und wenn sie diese Aufforderung in einem Ton sagt, der anzeigt, daß sie am liebsten hätte, das Kind würde der Aufforderung nicht folgen, dann sieht sich das Kind zwei widersprechenden Botschaften gegenüber. „Das Kind kann diese inkongruenten Wünsche durch keine kongruente Reaktion befriedigen... Die einzige Art, auf die das Kind inkongruenten Wünschen begegnen kann, ist, auf eine inkongruente Weise zu reagieren: es wird zu ihr (der Mutter) hingehen und dieses Verhalten mit einer Äußerung qualifizieren, die ausdrückt, daß es nicht zur i h r hingegangen ist."[17]

Der jugendliche Dissoziale befindet sich in einer ähnlichen Lage wie das Kind. Wenn es zutrifft, daß jene Doppelbindung an widersprechende Informationen mindestens starke Verhaltensstörungen m i t verursacht, dann liegt es nahe, zu prüfen, ob die Vermutung

---

[17]) J. Haley: Die Interaktion von Schizophrenen. In: G. Bateson u. a.: Schizophrenie und Familie. Beiträge zu einer neuen Theorie. Frankfurt a. M. 1969, S. 107.

zutreffend ist, daß die soziale Stigmatisierung des dissozialen Jugendlichen kein Weg zur R e s o z i a l i s i e r u n g ist, sondern allenfalls von einer R e l e g a l i s i e r u n g die Rede sein kann, im übrigen aber die vorgefundene Lage solcher Gruppen lediglich bestätigt und bestärkt wird.

2. D i e   t o t a l e   I n s t i t u t i o n a l i s i e r u n g. Die pädagogische Orientierung am Individualitätskonzept hat eine Form der Institutionalisierung in der Behandlung dissozialer Kinder und Jugendlicher hervorgebracht, die auf den ersten Blick das genaue Gegenteil jenes Konzeptes zu sein scheint: die Kasernierung der abweichenden Individuen zum Zwecke ihrer allmählichen Integration. Die Anstaltsgründungen, die sich in der ersten Hälfte des 19. Jahrhunderts besonders unter der Trägerschaft der Kirchen häuften, entwickelten dort, wo sie pädagogisch begründet wurden — z. B. bei einigen Vertretern des württembergischen Pietismus, bei Völter und Wichern — eine Grundvorstellung, die heute noch, wenn auch nicht theoretisch ungebrochen, aber doch in der Praxis der Heimerziehung gilt. Diese Vorstellung enthält folgende Annahmen: Der Zögling ist, wie das bürgerliche Individuum auch, seiner Möglichkeit nach imstande, seine Individualität derart auszubilden, daß er an der freien Wechselwirkung der Individuen in der bürgerlichen Gesellschaft teilnehmen kann. Seine deprivierte Lage, seine Verhaltensstörungen oder Defizite müssen daher rühren, daß entweder in seiner hereditären Ausstattung oder in seinem Milieu jene Mängel ihren Grund haben. Da kein Zweifel besteht, daß auch der Verwahrloste die bürgerlichen Orientierungen wird übernehmen können, wenn nur die entgegenstehenden Einflüsse suspendiert werden, muß man ihn also isolieren und die Merkmale des Erziehungsfeldes so arrangieren, daß die schädlichen Bestandteile seiner Natur keine Chance haben. Die Institutionen, die auf dieser Basis entstanden sind, können als t o t a l e Institutionen bezeichnet werden — ich schließe mich darin den Analysen Goffmans in seinem Buch „Asylums" an — sofern sie 1. alle Aspekte des Lebens am gleichen Ort und unter einer einzigen Autorität vereinigen, 2. alle oder doch nahezu alle Aktivitäten nur in einer definierten Gruppe von Gleichbehandelten möglich sind und 3. alle Phasen des Tages in einem nahezu lückenlosen Plan geregelt sind[18]).

Untersuchungen von Jugendstrafanstalten und Erziehungsheimen konkretisieren diese allgemeine Charakterisierung und protokol-

---

[18]) E. Goffman: Asylums, S. 17.

lieren vor allem diejenigen Verhaltensmerkmale, die als Wirkung der totalen Institutionalisierung zu vermuten sind. In einer Längsschnittuntersuchung, die Th. Hofmann an jugendlichen Strafgefangenen für die Dauer ihrer Haft durchführte, kommt er zu dem Ergebnis, daß als Folge der Behandlung die Leistungsfähigkeit der Jugendlichen abnimmt, ihr Desinteresse an Problemen, die außerhalb der unmittelbaren Bedürfnisbefriedigung liegen, größer wird, individuelle Unterschiede sich nivellieren, Regressionserscheinungen häufiger werden und Unselbständigkeit und Initiativelosigkeit zunehmen. Untersuchungen aus dem Bereich der Heimerziehung berichten über gleichsinnige, wenn auch nicht so detaillierte Ergebnisse. Dennoch heißt es bei Hofmann zusammenfassend: „Wir kommen auf Grund unserer Untersuchungen zu dem Ergebnis, daß die Durchführung der Jugendstrafe keinen Sinn hat, solange in der Jugendstrafanstalt nicht die Voraussetzungen dafür gegeben sind, den Gefangenen vor schlechten Gewohnheiten und Fehlhaltungen zu bewahren, die negativen Einflüsse in der Gemeinschaft zu neutralisieren, und den straffälligen Jugendlichen mehr als bisher im Beruf, in der Schule und in der freien Zeit zu fördern." [19]) Ein merkwürdiger Widerspruch: Das Resultat der Untersuchungen zeigte, daß die Erziehung in der totalen Institution das nahezu präzise Gegenteil von dem bewirkt, was nach dem Individualitätskonzept bürgerlicher Pädagogik erreicht werden müßte. Diese von Hofmann selbst beigebrachte Information aber veranlaßt ihn weder zu einer Kritik des Konzepts noch zu einer prinzipiellen Revision der pädagogischen Strategie totaler Institutionalisierung, sondern nur zu deren modifizierender Intensivierung.

3. Die Orientierung an einem formalen Arbeitsbegriff. Das Scheitern am Arbeitsplatz — in der Sprache der Erziehungsfürsorge häufig als „Arbeitsbummelei" oder „Arbeitsscheu" bezeichnet — ist eine der auffälligsten Prognosemerkmale für zu erwartende Dissozialität. Es bleibt eine sehr häufige Begleiterscheinung von Dissozialität und korreliert überdies signifikant mit dem Merkmal der Rückfälligkeit. Es verwundert deshalb nicht, wenn der Arbeit eine besondere pädagogische Bedeutung in

---

[19]) Th. Hofmann: Jugend im Gefängnis. München 1967. S. 173. Vgl. ferner H. Wenzel: Untersuchung württembergischer Fürsorgeheime für männliche Jugendliche und Heranwachsende. Stuttgart 1969, L. Pongratz — H.-O. Hübner: Lebensbewährung nach öffentlicher Erziehung, Darmstadt 1959.

der Behandlung jugendlicher Dissozialität beigemessen wird. In einer Vollzugsordnung heißt es: „Arbeit ist die Grundlage eines geordneten und wirksamen Strafvollzugs. Sie soll, soweit erforderlich, die Arbeitsgesinnung des Gefangenen wecken, ihn an regelmäßiges, auf Arbeit aufgebautes Leben gewöhnen sowie körperliche und seelische Schäden ausschließen."[20] Eine Befragung von Jugendstrafvollzugsbeamten ergab: „Unter ,Erziehung' wird allgemein die ,Disziplinierung' des Gefangenen und seine Gewöhnung an Stetigkeit und Ausdauer in der Arbeit verstanden." 30 %/o der Befragten vertraten sogar die Meinung, „daß die Beschäftigung mit Arbeiten, die n i c h t der Berufsausbildung dienen, das geeignete ,Erziehungsmittel' sei." In die gleichen Richtungen tendieren die Meinungen der sogenannten Arbeitserzieher in Erziehungsheimen. Die Autoren solcher Untersuchungen kritisieren zwar die Rigidität dieser Erziehungsvorstellungen[21]), die Verwechslung von Ursache und Symptom[22]), die Funktionslosigkeit des in den heiminternen Arbeitszusammenhängen Gelernten für die spätere Lebensbewältigung — kurz: sie kritisieren die nachweisbare Wirkungslosigkeit der gegenwärtig praktizierten Formen von Arbeitserziehung; an dem Konzept selbst aber halten sie fest.

Sie befinden sich damit in Übereinstimmung mit der pädagogisch-theoretischen Überlieferung, für die eine merkwürdige Projektion der Bedeutung bürgerlich-geschäftiger Arbeit auf die durch Überlebenszwang und funktionale Disziplinierung diktierte manuelle Arbeit der unteren sozialen Schichten charakteristisch ist. Diese Projektion bewirkt, daß die erzieherische Bedeutung von Arbeit in einer Reihe formalisierter Arbeitstugenden erscheint, die durch Gewöhnung an Arbeit überhaupt hervorgebracht werden sollen. Hinzu kommt, daß die merkantilistische Tradition besonders in den Einrichtungen zur Behandlung dissozialer Jugendlicher im 19. Jahrhundert ungebrochen übernommen und für die bürgerliche Gesellschaft funktionalisiert wurde. 1756 heißt es bei Justi: „Ein Land kann nur nach der Massen glücklich seyn, als die Unterthanen ihren Fleiß anstrengen, die zur Nothdurft und Bequemlichkeit des menschlichen Lebens erforderlichen Güter durch die Landwirtschaft, die Manufaktur und die Commercien zu gewinnen. Zeigt

---

[20]) Zit. nach Th. Hofmann, a. a. O., S. 161.

[21]) G. Deimling, a. a. O., S. 286.

[22]) H. Wenzel, a. a. O., S. 273.

aber das gesamte Volk wenig Lust zu arbeiten, dann kann der Zustand des gemeinen Wesens nicht anders als schlecht seyn"[23]). Die Entwicklung der Industrieschulen bis ins 19. Jahrhundert hinein folgt dieser Maxime, und die Waisenhäuser, Besserungs- und Rettungsanstalten und schließlich die Fürsorgeerziehung des 20. Jahrhunderts setzen die Tradition fort, die sich im Bereich der Schulerziehung noch einmal ausdrücklich im formalisierten Arbeitsbegriff der „Arbeitsschule" Kerschensteiners dokumentiert.

Der Satz „Arbeit erzieht" kann für die Behandlung jugendlicher Dissozialer nur durch die Orientierung an der Verwertbarkeit ihrer Arbeitskraft gerechtfertigt werden. Diese Orientierung aber zwingt die Erziehungseinrichtungen zu einem überproportionalen Anteil niederer, unqualifizierter Tätigkeiten und reproduziert damit diejenigen Merkmale der Arbeit, die sich im Lichte bürgerlich-liberaler Erziehungstheorie gegen die expliziten Intentionen richten: Zwang, Fremdbestimmung, Deindividuation, kommunikatives Handeln verhindernd. Die pädagogische Theorie und ihre schlechte Praxis verschleiern damit die Tatsache, daß der Satz „Arbeit erzieht" in unserem Zusammenhang nicht pädagogisch legitimiert werden kann, sondern im materiellen Interesse der bürgerlichen Gesellschaft sein Motiv hat, statt sich an den Lernbedürfnissen der „dissozialen" Subjekte zu orientieren.

III

Das Dilemma der pädagogischen Konzeption, bei der — wie es im Eingangszitat hieß — die „Re-Individuation" von Dissozialen und damit auch die Integration in den bürgerlich-ökonomischen Verwertungszusammenhang der entscheidende Gedanke ist, dokumentiert sich nicht nur in den Widersprüchen von Theorie und Ideologie, sondern auch in den sogenannten Erfolgsstatistiken. In der Heimerziehung müssen wir für mindestens ca. 33% Erfolglosigkeit konstatieren, im Jugendstrafvollzug für mindestens ca. 65 %. Und auch das gilt nur, wenn wir einen relativ ärmlichen Begriff von Erziehungserfolg verwenden, nämlich das Ausbleiben von Handlungen, die mit Jugendstrafe bedroht sind. Vergleiche mit anderen Län-

---

[23]) Zit. nach W. Klafki / G. Kiel / J. Schwerdtfeger: Die Arbeits- und Wirtschaftswelt im Unterricht der Volksschule und des Gymnasiums. Heidelberg 1964, S. 7.

dern, auch mit sogenannten vorbeugenden Formen offener Gruppenerziehung, ergeben ein ähnliches Bild[24]).

Allerdings gibt es einige Ausnahmen. Sie sind in der Regel alle von der gleichen Art: offene Einrichtungen mit einem Minimum an Zwangselementen, intensiver therapeutischer Betreuung kleiner Gruppen, ohne oder mit einem Minimum an Arbeitszwang. Die Zahl solcher Einrichtungen ist aber so gering, daß sie noch nicht einmal 1 % der betroffenen Jugendlichen erreichen, obwohl aus den wissenschaftlich gut kontrollierten Projekten wie der Camp Elliot Study, der Pilot Intensive Counseling Organisation oder der Highfields Study hervorgeht, daß ihr Erfolg — auch an menschlicheren Kriterien als denen der Straffälligkeit gemessen — mit großer Wahrscheinlichkeit besser ist[25]).

An therapeutisch orientierten Erziehungseinrichtungen jedoch zeigt sich etwas Auffallendes: einerseits entstanden aus der begründeten Vermutung, daß ein therapeutisches Milieu und therapeutische Kommunikationsformen den Erziehungsbedürfnissen eher entsprechen könnten, war aber andererseits auch ein Motiv wirksam, das in der Diskussion um die Heimerziehung seit mehr als einem Jahrzehnt eine Rolle spielt und sich vom Individualitätskonzept leiten läßt: die Differenzierung nach individuellen Merkmalen der Lern- bzw. Resozialisierungsfähigkeit. Auf diese Weise entstand für die therapeutischen Einrichtungen ein Auslesemerkmal, das für unseren Zusammenhang von Interesse ist. Als unverzichtbare Auslesegesichtspunkte werden nämlich die folgenden genannt: Es muß sich um neurotische Störungen handeln, es muß eine durchschnittliche Intelligenz vorhanden sein, „es muß soviel emotionale Ansprechbarkeit, innere Verarbeitungsfähigkeit und Bereitschaft bestehen, daß die Psychotherapie auch als Chance zur Nachreifung genutzt

[24]) G. Iben: Von der Schutzaufsicht zur Erziehungsbeistandsschaft — Idee und Wirklichkeit einer sozialpädagogischen Maßnahme. Weinheim 1968, S. 98 ff.

[25]) Vgl. dazu Herbert C. Quay (Ed.), Juvenile Delinquency, Princeton/New Jersey 1967; ferner K. Klüwer: Dissoziale Jugendliche in der Industriegesellschaft. In: Praxis der Kinderpsychologie und Kinderpsychiatrie, Heft 4, 1965; St. Quensel: Kann die Jugendstrafanstalt resozialisieren? Wege zum Menschen, Heft 5, 1968, S. 174 ff.; E. Künzel / T. Moser: Gespräche mit Eingeschlossenen. Frankurt a. M. 1969.

werden kann"[26]). Damit sind Auslesegesichtspunkte formuliert, die mit großer Wahrscheinlichkeit einen Probandenkreis definieren, der vorwiegend den mittleren sozialen Schichten entstammt. Die Formulierung der pädagogischen Aufgabe als Re-Individualisierung oder Re-Integration mag hier angemessen sein.

Der größte Teil der Dissozialen aber wächst unter Familienbedingungen auf, deren pathogene und kriminogene Struktur u. a. durch die besonders nachdrückliche Wirkung extremer, durch die soziale Position definierbarer Faktoren erklärt werden muß. Die Familiensituation dieser Bevölkerungsgruppe — die nicht r e - integriert werden kann, weil sie an den Lebenschancen der bürgerlichen Gesellschaft noch gar nicht teilhatte — zeichnet sich, wie in vielen Untersuchungen immer wieder bestätigt werden konnte, durch gravierende Mängel im expressiven Bereich aus, durch Häufung ehelicher Konflikte, abwesende Väter, Vernachlässigung der Kinder bei gleichzeitiger überstarker Bindung der Mutter an das Kind, durch Kommunikationsdefizite im sprachlichen Bereich, durch Inkonsistenz von Normen und tatsächlichem Verhalten, mangelnde Identifikationsmöglichkeiten der Kinder — das heißt durch Merkmale, denen nur ein pädagogisches Konzept angemessen zu sein scheint, das seine Fragen und Strategien strikt aus der sozialen Situation der Betroffenen heraus zu formulieren versucht[27]). Dabei scheint tatsächlich — und darin hat das bürgerlich-liberale Erziehungskonzept mindestens formal recht — die Familie der notwendige Ausgangspunkt der Analyse zu sein, allerdings in d e r Erscheinung, in der sie sich jeweils konkret an ihrem materiellen Ort innerhalb der Gesellschaft darstellt.

Die Konsequenzen, die sich daraus ergeben, lassen sich gegenwärtig nur vermutungsweise skizzieren. Die Forderung, den Ausgangs-

---

[26]) A. Leber: Das psychotherapeutische Heim. In: Pädagogische Psychologie der Bildungsinstitutionen Bd. I, hrsg. von K. Bremm, München/ Basel 1969; vgl. dazu auch K. Hartmann: Theoretische und empirische Beiträge zur Verwahrlosungsforschung. Berlin 1970, S. 127.

[27]) Vgl. dazu die bisher letzte deutschsprachige Zusammenfassung der Forschungsergebnisse bei T. Moser: Jugendkriminalität und Gesellschaftsstruktur, Diss. Frankfurt a. M. 1970, wie auch die Arbeit von K. Hartmann, a. a. O. Zur besonderen Situation krimineller Jugendlicher in der Unterschicht vgl. u. a. W. B. Miller: Die Kultur der Unterschicht als ein Entstehungsmilieu für Bandendelinquenz. In: F. Sack / R. König (Hrsg.): Kriminalsoziologie. Frankfurt a. M. 1968.

punkt der Analyse in dem materiell-gesellschaftlichen Ort der Familie zu nehmen, ergibt sich aus dem Vorwiegen der individual-genetisch auf die Familie zurückführbaren Beziehungsprobleme delinquenter bzw. dissozialer Probanden. Im Anschluß an diese Feststellung liegt es für die Ebene der theoretischen und empirischen Forschungsaufgaben nahe, drei Ansätze auszuarbeiten, die über die Aporien der bisherigen Dissozialitäts-Pädagogik hinausführen könnten:

1. Wir benötigen eine ätiologische bzw. ökologische Theorie, die die Variablen der objektiven Arbeitssituation der Probanden und ihrer Eltern ausdrücklich in den Erklärungszusammenhang miteinbezieht. Die allgemeinen Hinweise auf den Zusammenhang von sozialer Position und Dissozialität sind kaum ausreichend, sie verweisen allenfalls auf eine Spur, bei deren Verfolgung präzisere Aussagen erhofft werden können. Die gegenwärtig aussichtsreichste Station auf diesem Weg scheint die Bestimmung der Bedeutsamkeit der Arbeitssituation insbesondere im Hinblick auf die Prägung kommunikativer Kompetenzen zu sein. Wenn es zutrifft, daß aus dem je geltenden System der Arbeitsteilung das „faktische Substrat des Rollenhandelns"[28]) abgeleitet werden kann, wenn es ferner zutrifft, daß mit der sozialen Position, sofern sie unterschiedliche Arbeitssituationen impliziert, zugleich jenes faktische Substrat variiert; wenn es schließlich zutrifft, daß die Sozialisationswirkungen des Arbeitsplatzes zu den entscheidenden Komponenten der Genese eines allgemeinen kommunikativen Kodes gehören; und wenn endlich angenommen werden darf, daß mit der größeren Belastung durch die Arbeitssituation in den unteren sozialen Straten eine geringere Belastbarkeit der dadurch sozial geschädigten Individuen korrespondiert — dann erscheint die differenzierte Ermittlung der Interaktion zwischen den objektiven Variablen des Rollensubstrats und den subjektiven Variablen des Verwahrlosungs- oder Dissozialitäts-Syndroms eine unabweisliche Grundlage für die Konstruktion angemessener pädagogischer Strategien zu sein.

2. Das bisher am besten gesicherte Resultat der Dissozialitätsforschung betrifft das Gewicht der familiären Faktoren. Nicht nur der

---

[28]) U. Oevermann: Sprache und soziale Herkunft. Ein Beitrag zur Analyse schichtenspezifischer Sozialisationsprozesse und ihrer Bedeutung für den Schulerfolg. Institut für Bildungsforschung in der Max-Planck-Gesellschaft. Studien und Berichte Bd. 18, Berlin 1970, S. 208 ff.

umfassende Literaturbericht von Moser, sondern auch der jüngste Beitrag zur Verwahrlosungsforschung von K. Hartmann belegen das. Diese Arbeiten zeigen indessen aber auch, daß das Verfahren der Addition von prognosefähigen Einzelfaktoren an sein Ende gekommen ist, sofern die ermittelten Variablen nicht in eine Kommunikationstheorie integriert werden. Im Rahmen einer solchen Theorie, deren Ansätze sich beispielsweise bei Oevermann, Watzlawick, Lorenzer u. a. finden[29]), wäre Dissozialität unter anderem als ein Kommunikations-Kode zu bestimmen bzw. als Form verzerrter Kommunikation, die primär nicht an den Dimensionen bürgerlich-funktionaler Tugenden ("mangelhafte Arbeitsbindung", "Schwänzen", "Bummeln", "Weglaufen", "Schlechter Umgang" u. ä.) gemessen werden dürfte, sondern an der kommunikativen Bedeutsamkeit, die einzelne diagnostizierte Verhaltensmerkmale und Inhalte im subkulturellen Kontext des Herkunftsmilieus haben. Von einer solchen Theorie aber sind wir noch weit entfernt. Erst dann wird es aber möglich sein, die Ursachen-Forschung unmittelbar in den Dienst pädagogischer Intervention-Strategien zu stellen. Kurz: es handelt sich im Grunde um die triviale Konsequenz aus der trivialen Einsicht, daß nicht nur die Korrektur, sondern schon die Entstehung von Dissozialität ein pädagogisches Problem ist und daß beides nur im Rahmen bestimmter Kommunikationsgemeinschaften bestimmbar ist.

3. Eine solche kommunikationstheoretische Betrachtung — wie sie übrigens in der amerikanischen sogenannten "Schizophrenie"-Forschung erfolgreich angewendet wurde[30]) — impliziert jedoch, wird sie in pädagogischer Absicht vorgenommen, einen Begriff von kommunikativen Grundqualifikationen, um den Begriff von Dissozialität nicht in der Beliebigkeit relativierender Deskriptionen verschwimmen zu lassen. Die Bestimmung von "Dissozialität" als eines Kodes verzerrter Kommunikationen setzt ein Begriff kommunikativer Kompetenz voraus, wie er ansatzweise von Goffmann, Erikson, Habermas, Oevermann u. a. in einem Katalog von "Grundqualifikationen des Rollenhandelns" entwickelt wurde. Auf die

---

[29]) U. Oevermann, a. a. O., A. Lorenzer: Sprachzerstörung und Rekonstruktion. Vorarbeiten zu einer Metatheorie der Psychoanalyse. Frankurt a. M. 1970. P. Watzlawick / J. H. Beavin / Don D. Jackson: Menschliche Kommunikation. Formen, Störungen, Paradoxien. Bern/Stuttgart 1969.

[30]) G. Bateson u. a.: Schizophrenie und Familie. Frankfurt a. M. 1969.

Ebene pädagogischer Interventions-Strategien übertragen, sind jene Grundqualifikationen dem verwandt, was etwa in der Diskussion um die Heimerziehung „therapeutisch orientiertes Erziehungsmilieu" genannt wird. Die Operationalisierung der Handlungsmerkmale eines solchen „Milieus" — so hoffen wir — könnte dann in einem kommunikationstheoretischen Kontext vorgenommen werden, in dem die Komponente der Sozialstruktur, der Dissozialitätsmerkmale und des pädagogischen Handlungsfeldes im Sinne einer neuorientierten pädagogischen Strategie verarbeitet sind. Vielleicht wäre es dann auch möglich, für die hier interessierende Population einen Ausweg aus dem Dilemma zu finden, das der Parson-Schüler McKinley am Schluß einer einschlägigen Untersuchung mit den folgenden Sätzen charakterisiert: „Die Moral dieser Geschichte ist ziemlich einfach. Sie besagt, daß Marx vielleicht teilweise recht hatte. Ausbeutung führt zu Entfremdung und rebellischer Gegenaggression. Sein Blickpunkt auf Ausbeutung war aber zu eng ökonomisch und die von ihm vorausgesagte Gegenaggression zu eng politisch. Vielleicht, und dies wäre wichtiger, ist die Ausbeutung in einer hochindustrialisierten und differenzierten Gesellschaft emotionaler und moralischer Natur, und entfremdete und aggressive Reaktion ist ähnlicher Art — Familienzerstörung, Verbrechen, politische Apathie"[31]).

---

[31]) D. G. McKinley: Social Class and Family Life. New York 1964. S. 226.

E. Anhang

Übersicht über die sozialpädagogischen Einrichtungen

1. Einrichtungen der begleitenden halboffenen Kinderpflege und -erziehung

Unter allen sozialpädagogischen Theorien ist die der Kindergarten-
erziehung die älteste und stabilste. Ihre Einrichtungen in der Entwicklung
seit den Kleinkinderbewahranstalten um die Wende zum 19. Jahrhundert und
ihre Theorie seit Friedrich Fröbel zeigen die größte Kontinuität. Ausgehend
von einer durch die deutsche Romantik bestimmten Anthropologie des Kindes entwickelte er mit dem Kindergarten eine Stätte erneuernder Volkserziehung und markiert damit, im Unterschied zu den schon vorhandenen Einrichtungen fürsorgerisch-bewahrenden Charakters (erste deutsche Kinder-
bewahranstalt in Detmold 1802), den eigentlichen Beginn der Geschichte des
deutschen Kindergartens. Während die verwandten Einrichtungen in anderen
Ländern, vor allem den angelsächsischen und Italien (Montessori) stark
schulisch-propädeutischen Charakter haben, ist der deutsche Kindergarten
seit Fröbel eine Pflegestätte unschulischer kindlicher Ausdrucks- und Le-
bensformen. Als ein pädagogisches Angebot der öffentlichen und privaten
Jugendhilfe steht er allen Kindern von 3. bis zum 6. Lebensjahr halbtags offen. Seine Fortsetzung als schulbegleitende Einrichtung ist der Kinder-
hort, dessen pädagogische Aufgaben schulbezogen sind. Beide haben in ihrer
Konzeption auch die sozialen Motive bewahrt, die zu ihrer Einrichtung führ-
ten: erzieherische Hilfe für die berufstätige Mutter oder die aus anderen
Gründen in ihrer pädagogischen Kapazität reduzierte Familie und damit
Sicherung des „Rechts auf Erziehung" (§ 1 JWG). Daneben ist ein zweites
allgemeines Motiv getreten: durch den Strukturwandel der Familie und das
in der industriellen Gesellschaft besonders geartete Verhältnis von Familie
und Gesellschaft scheint jedes Kind, unabhängig vom sozialen Status der
Eltern, ein von der Familie unterschiedenes soziales Feld als Lebens- und
Spielraum zu benötigen. In diesem Sinne ist das Jugendamt gehalten, die
für die „Pflege und Erziehung von Säuglingen, Kleinkindern und von Kindern
im schulpflichtigen Alter außerhalb der Schule" erforderlichen „Einrichtungen und Veranstaltungen anzuregen, zu fördern und gegebenenfalls zu schaffen" (§ 5 JWG). Das gilt nicht nur für Kindergarten und -hort, sondern auch
für Kinderkrippen und Krabbelstuben, wie für Kindertages-
stätten, eine Einrichtung, die mit Rücksicht auf die besondere Lage der
beteiligten Familien deren Kindern ganztägig offenstehen. Gegen Kindergarten und Kindertagesstätte ist der skeptische Einwand erhoben worden, diese
sozialpädagogischen Einrichtungen vergrößerten den Schaden, den zu beheben sie geschaffen wurden: die geschwächte Erziehungskraft und -willigkeit
der modernen Familie werde dadurch noch schwächer, daß die Eltern auf

diese Weise gerade nicht zur Übernahme pädagogischer Verantwortung angehalten, sondern im Gegenteil von ihr entlastet würden. Dieser Einwand trifft nicht die Sache, da Kindergarten und -hort keine Erziehungslücken schließen, die durch die Schuld der Eltern entstanden und durch ihre eigene Kraft zu schließen sind, sondern eine Ergänzung der Familienerziehung darstellen, die auf Grund gesamtgesellschaftlicher Veränderungen erforderlich wurde. Auch die Familie ohne Berufstätigkeit der Mutter und mit hohem erzieherischen Einsatz kann dem Kinde in der Regel heute, zumal in den Großstädten, nicht den freien und gesicherten Spielraum, die Altersgruppe, außerfamiliäre Sozialerfahrungen, die vielfältigen Anschauungen und Spielmöglichkeiten zur Verfügung stellen, deren es in unserer Gesellschaft bedarf. Zudem ist die vorgetragene Befürchtung im gegenwärtigen Zeitpunkt eine Fiktion, da selbst leistungsfähige Gemeinden erst soweit sind, auf 10 Kinder zwischen 3 und 6 Jahren ihrer Bevölkerung einen Kindergartenplatz anzustreben. Indessen weist der Einwand aber auf eine schon von Fröbel in seine Konzeption aufgenommene Funktion des Kindergartens hin: die Zusammenarbeit mit den Eltern, ihre Beratung, Hilfe und Anregung in den Fragen der Familienerziehung; damit ist der Kindergarten nicht nur eine die Familienerziehung ergänzende, sondern auch eine diese stützende und fördernde Einrichtung.

In die Reihe der vorschulischen und schulbegleitenden Einrichtungen der Kinderpflege und -Erziehung gehört auch der Kinderspielplatz. Als eine pädagogische Einrichtung weist er sich vor allem durch seine Planung aus. Er ist nicht nur ein ausgesparter Raum innerhalb der Stadt, sondern wird funktionsfähig erst, wenn seine Anlage zu den entwicklungsbedingten Bedürfnissen des Kindes paßt, nicht nur Spielmöglichkeiten, sondern Spielanregungen enthält. Bei seiner Planung wirken städtebauliche, gartenarchitektonische, psychologisch-medizinische, gemeinde- und familiensoziologische Gesichtspunkte zu einem pädagogischen Zweck zusammen. Auch wenn, wie es schon bisweilen geschieht, erzieherisch geschulte Fachkräfte zur Betreuung dieser Einrichtungen eingesetzt werden, muß doch hier die erzieherische Intention wesentlich durch die Anlage realisiert werden. Vorbildliche Kinderspielplätze sind vor allem in den skandinavischen Ländern entwickelt worden.

Da sich herausgestellt hat, daß 10 − 15 % der Kinder im Schuleintrittsalter noch nicht schulreif zu nennen sind, wurden Einrichtungen notwendig, die deren Nachreife fördern, das Übel der verzögerten Einschulung im Bewußtsein der Kinder zum Verschwinden bringen und den Übergang von Familie und Kindergarten zur Schule erleichtern: die Schulkindergärten. Sie liegen auf der Grenze zwischen Sozial- und Schulpädagogik und unterstehen in der Regel nicht dem Jugendamt, sondern der Schulverwaltung (erster deutscher Schulkindergarten 1907 in Berlin-Charlottenburg, sogenannte „Vorklassen"; heute besonders ausgebaut in Hamburg mit einer Anzahl von 47); denn das ausgesprochene Ziel der Erziehung in Schulkindergärten ist die Schulreife, bis zu der die teils erziehungsschwierigen, teils körperlich, geistig und besonders auch sprachlich schwach entwickelten Kinder gebracht werden sollen. Er hat deshalb zwar keine Unterrichts-, aber doch eine Bildungsaufgabe, die er mit sozialpädagogischen Mitteln lösen muß und die nicht dem Lehrer, sondern einer sozialpädagogischen Fachkraft, der Jugendleiterin, anvertraut wird.

2. Außerschulische Jugendbildung (Jugendpflege, Jugendarbeit)

Dieser Bereich der Sozialpädagogik weist die größte Vielfalt und Heterogenität auf; er befindet sich überdies seit seinen Anfängen im zweiten Drittel des 19. Jahrhunderts ständig im Stadium des Experimentes. Nahezu alle Formen der außerschulischen Jugendbildung (der Begriff „Bildung" wird hier nicht in der eingeengten Bedeutung schulmäßiger, in Formen des Unterrichts verlaufender Bildung verwandt), die in ihrer Geschichte einmal aufgetaucht waren, existieren heute nebeneinander: Vereine, Bünde, Klubs, Verbände, Heime verschiedener Art, volkshochschulähnliche Einrichtungen, ad-hoc-Veranstaltungen, intensive Dauerbetreuung; politische und konfessionelle Jugendarbeit, staatlich organisierte Jugendpflege. Eine Gliederung nach den institutionellen Formen (Jugendgruppe, Jugendverband, Jugendheim, Jugendbildungsstätte, Jugendsozialarbeit, Jugendschutz) kann deshalb auch nur grob verallgemeinernd verfahren. Diese Vielfalt der außerschulischen Jugendbildung ergibt sich aus der Sache: der freien jugendlichen Aktivität ist hier der größte Spielraum gelassen; traditionelle Erziehungswege und kanonisierte Lernanforderungen bestimmen nicht das erzieherische Geschehen, in dessen Mittelpunkt der Jugendliche steht und seine unmittelbare, aktuelle Auseinandersetzung mit der Welt, in der er heranwächst. Jedes neu auftauchende Bedürfnis der Jugendlichen kann daher auch sogleich eine neue Variante der erzieherischen Formen im Gefolge haben.

Die geschichtlich und der Sache nach ursprüngliche Form dieser Erziehungsarbeit ist die Jugendgruppe. Dies gilt jedoch nur, wenn man dem Wort seine wesentlich durch die Jugendbewegung bestimmte Bedeutung nimmt und mit ihm nur die wie auch immer geartete Gesellung gleichaltriger Jugendlicher meint. So gibt es nebeneinander die Gruppen des Vereins, von Erwachsenen initiiert und gelenkt; die bündischen Jugendgruppen, klein und mit engem personalen Binnenkontakt; die Gruppen der Jugendorganisationen, die sowohl bündischen wie auch Vereinscharakter tragen oder alle denkbaren Zwischenformen aufweisen können; befristete Freizeitgruppen der behördlichen Jugendpflege; klubartige Gruppen in entsprechenden Institutionen; schließlich Gruppen, die sich zutreffend nur von einem sachlichen, außerhalb der Gesellungsabsicht liegenden Zweck (Information, musische Betätigung, Hilfsaufgaben, Konfession, Weltanschauung, politische Konzeptionen usw.) beschreiben lassen. Wo und wie auch immer außerschulische Jugendbildung stattfindet, spielt die Gruppe — formelle oder informelle, dauerhafte oder befristete — eine konstitutive Rolle. Dabei ist es zweitrangig, ob die Erziehung innerhalb der Gruppe von einem Erwachsenen gelenkt wird oder nicht. Die Theorie der Gruppe ist daher das Kernstück der Theorie dieses sozialpädagogischen Arbeitsfeldes.

Eine nahezu ausschließlich auf formelle Gruppen bezogene Arbeit wird von den Jugendverbänden geleistet. Eigentlich als Träger der Arbeit anzusprechen, bestimmt ihre Praxis doch weitgehend die institutionelle Form, in der die moderne Jugendbildung sich vollzieht. Es gibt z. Zt. annähernd 100 dieser Verbände von wenigstens einiger Bedeutung. 15 von ihnen, wobei einige als Ring-Verband den Zusammenschluß mehrerer kleiner darstellen (Bund der katholischen Jugend, Ring deutscher Pfadfinderbünde usw.), sind im deutschen Bundesjugendring vertreten. Ihre Mitgliederzahlen werden zwischen 1 Million (Sportjugend) und 50 (einige bündische Gemeinschaften) schwankend angegeben. Die meisten haben sich einem Zweck unterstellt und wollen eine deutlich auf konfessionelle, weltanschauliche, politische oder sachliche Aufgaben gerichtete Erziehung in ihren Gruppen verwirklichen (so die Evangelische Jugend, die Katholische Jugend, die Sozialistische Jugend, die Gewerkschaftsjugend, die Sportjugend, die Deutsche Jugend des Ostens, die Deutsche Waldjugend, die Deutsche Esperantojugend usw.). Es zeigt sich aber – da das Prinzip der Freiwilligkeit gilt – daß die von den Verbandsideologien unabhängigen Bedürfnisse der jungen Generation einen nicht zu übersehenden Faktor und zugleich den eigentlichen Gegenstand der Erziehungstätigkeit von Jugendgruppen darstellen; infolgedessen tritt die zweckgebundene Aktivität der Verbände in der alltäglichen Gruppenarbeit zurück hinter der allgemein-jugendpflegerischen in Geselligkeit, Information, musischer Erziehung, politischer und gesellschaftlicher Bildung und vor allem Ferienbetreuung. Die Jugendverbände lassen damit mehr und mehr den prinzipiellen Widerspruch gegen die behördliche Jugendpflege, der zur Zeit der Jugendbewegung für sie konstitutiv war, fallen und gleichen sich als Träger der außerschulischen Jugendbildung den anderen Maßnahmen und Institutionen in diesem Felde an.

Die Ferienbetreuung, ursprünglich Domäne der Jugendgruppen und – in mehr erzieherisch-pflegerischer Weise – der J u g e n d h e r b e r g e n , ist neuerdings auch Gegenstand j u g e n d - t o u r i s t i s c h e r I n s t i t u t i o n e n (Jugendreise-Dienste usw.). Sind die Jugendherbergen in Stil und Form, wie auch in ihrer Funktion, relativ festgelegt, so beginnt im Jugend-Tourismus die pädagogische Problematik sich erst in Anfängen abzuzeichnen. Ihre Größe und Bedeutung steigt rapide an.

War der Ort für die Zusammenkünfte der Jugendgruppen zunächst eine Angelegenheit der privaten Initiative dieser Gruppen selbst, so hat solche Initiative bei der Lage unserer Städte nur noch eine äußerst geringe Chance. Es entstanden daher die verschiedenen Typen der J u g e n d f r e i z e i t - h e i m e , zum Teil als Einrichtungen der Jugendbehörden, zum Teil der großen Jugendverbände und Träger der Privaten (freien) Jugendwohlfahrt. Aus dem intimen „Nest" der bündischen Gruppe wurde das J u g e n d h e i m (Haus der Jugend), das allen Gruppen für ihre Aktivitäten zur Verfügung steht, als eine der Bedingungen, die Erziehung in diesem Arbeitsfeld ermöglichen. Neben diesen, zum Teil aus ihnen selbst, wurde ein neuer, klubähnlicher Heimtypus, das H e i m d e r o f f e n e n T ü r , seit etwa 1950 entwickelt, der sich nicht mehr an die sogenannte organisierte Jugend wendet, sondern allen, auch den nicht gruppengebundenen Jugendlichen, ein Freizeit- und Bildungsangebot bereitstellt. Nicht die Bestimmtheit des Angebotes oder des verfolgten Zweckes, sondern gerade die Unbestimmtheit und Beweglichkeit der Möglichkeiten charakterisiert diesen für 14 – 21jährige Jugendliche vorbehaltenen Typus. Er wird in der Regel von staatlich anerkannten Jugendpflegern geleitet, deren wesentliche Aufgabe nicht mehr in der direkten pädagogischen Führung, etwa als Gruppenleiter, sondern in der indirekten Lenkung besteht. Einrichtung und Ausstattung des Heims, die Atmosphäre, der Stil des Umgangs, die Zahl und Art der Kommunikationsmöglichkeiten, die Möglichkeit verantwortlicher Mitbestimmung der Heimbesucher sind die pädagogisch ausschlaggebenden Faktoren. Das alte jugendpflegerische Ziel, jeden Jugendlichen einer festen Gruppe zuzuführen und ihn einem festgelegten Kanon „sinnvoller Freizeitgestaltung" zu verpflichten, ist hier aufgegeben zugunsten einer durchgehend informellen Struktur des pädagogischen

Feldes, die der Spontaneität des Jugendlichen den größtmöglichen Raum läßt. Seit 1953 (ca. 100 Heime in ca. 60 Gemeinden) hat sich die Zahl der Heime der offenen Tür vervielfacht. Eine einesteils erweiterte, andernteils stärker gruppenbezogene Variante solcher Heime ist das N a c h b a r - s c h a f t s h e i m , das sich nicht nur an Jugendliche, sondern an alle Altersgruppen wendet und neben rein pädagogischen auch Aufgaben der Fürsorge und der Beratung übernimmt; es ist nicht eigentlich eine Institution der außerschulischen Jugendbildung, sondern eben der Nachbarschaftshilfe, einer Form der Pflege und Förderung zwischenmenschlicher und wohngemeindlicher Kommunikation und Verantwortung, in der das Pädagogische nur einen, freilich entscheidenden, Aspekt darstellt.

Das Wort „Jugendbildung" ist in der Praxis — entgegen dem hier in Ermangelung einer treffenderen Bezeichnung angewandten Sprachgebrauch — den sogenannten J u g e n d b i l d u n g s s t ä t t e n vorbehalten. Das sind Institutionen mit je deutlich erkennbaren Erziehungsabsichten, die organisatorisch in der Durchführung von Lehrgängen oder Freizeiten von Wochenend- bis zu vierwöchiger Dauer verwirklicht werden und sich sowohl an die ganze Breite der jungen Generation wie auch an die pädagogischen Berufe wenden, insbesondere aber an die große Schicht der nebenamtlich tätigen Jugendgruppenleiter. Die z. Zt. etwa 25 Einrichtungen dieser Art in der BRD arbeiten mit inhaltlich unterschiedlichen Schwerpunkten: Allgemeine Jugendgruppenleiterbildung, Landjugendbildung, politische Bildung, musische Bildung, Arbeit mit Industriejugendlichen, Gruppenpädagogik, Europäische Bildung. Sie sind nicht nur Stätten der Vermittlung pädagogischer Lehre, aktueller Diskussion und der Begegnung der vielen unterschiedlichen, an der außerschulischen Jugendbildung beteiligten Gruppen, sondern auch Experimentierfelder für neue pädagogische Probleme und Wege, die Orte also, an denen die Praxis der außerschulischen Jugendbildung ständig reflektiert wird.

Einen besonderen Charakter hat die J u g e n d s o z i a l a r b e i t , in den ersten Jahren nach dem zweiten Weltkrieg entstanden und bis heute auf der Grenze zwischen Jugendbildung und Jugendfürsorge gelegen. Unter ihrem Begriff werden Maßnahmen für die soziale und berufliche Eingliederung solcher Jugendlicher zusammengefaßt, die als Flüchtlinge, aus Gründen der Berufsunreife, der Arbeitsmarktlage oder der sogenannten horizontalen Mobilität der Gesellschaft einer zusätzlichen Hilfe bedürfen. Zu ihren Einrichtungen gehören die Jugendwohnheime und als berufsfördernde bzw. sozialintegrative Maßnahmen (teils geschlossene Heime, teils offene Einrichtungen) gemeinnützige Lehrwerkstätten, Grundausbildungslehrgänge, Förderungslehrgänge, die Jugendgemeinschaftswerke und die Jugenddörfer. Bei allen diesen Einrichtungen handelte es sich zunächst darum, die Berufsnot und Heimatlosigkeit, unter der ein großer Teil der deutschen Jugend nach dem zweiten Weltkrieg litt, mit erzieherischen Mitteln zu bewältigen. Die Berufshilfe war zwar der charakteristische Akzent dieser Maßnahmen; sie schlossen aber darüber hinaus die gesamte Breite einer unserer Gesellschaft entsprechenden Erziehungsaufgabe ein. Insofern ist ihr Sinn auch nicht an jene Jahre besonderer Not gebunden, sondern erweist sich — angesichts der permanenten Schwierigkeit, die in der industriellen Gesellschaft einem Teil der Jugend beim Hineinleben in die Arbeitswelt erwächst — als immer noch aktuell. Dabei sind besonders die ländliche Jugendberufshilfe und die Hilfe für die weibliche Jugend in ihrer Vorbereitung auf den Doppelberuf der Frau hervorzuheben. Unter den vielen Einrichtungen zeichnen sich die Jugenddörfer durch eine besondere Betonung und Pflege von Formen der Mitverwaltung, die Jugendgemeinschaftswerke dadurch aus, daß die Selbsthilfe (z. B. Bau eigener Wohnhäuser) in ihnen eine hervorragende Rolle spielt und sie in Konzeption und Tätigkeit — wie auch die von den Jugendgemeinschaftsdiensten durchgeführten Ferien-Arbeitslager — eine gewisse Ähnlichkeit mit dem Freiwilligen Arbeitsdienst aufweisen.

Die der Sozialpädagogik im Ganzen als Motiv zugrunde liegende Absicht, den noch unreifen Menschen für die Dauer seines Heranwachsens vor den Gefährdungen durch die moderne Gesellschaft zu bewahren, ist im J u g e n d - s c h u t z institutionell geworden. Die Diskrepanz zwischen den als erzieherisch gesund geltenden und den faktischen öffentlichen Lebensbedingungen ist offenbar so groß, daß es eines Gesetzes bedarf, um ein Minimum an Trennung zu garantieren (Gesetz zum Schutz der Jugend in der Öffentlichkeit von 1951 und 1957; Gesetz über die Verbreitung jugendgefährdender Schriften von 1961) und die Orte und kulturellen Produkte, durch die Kindern und Jugendlichen „eine sittliche Gefahr oder Verwahrlosung droht" (§ 1 JSchGÖ) für sie unzugänglich zu machen. Es ist ein Erziehungsgesetz, weil in ihm Strafmaßnahmen nur gegen Erwachsene vorgesehen sind und also die Gesellschaft gezwungen werden soll, in detaillierter Weise dem Recht des Kindes auf „Erziehung zur leiblichen, seelischen und gesellschaftlichen Tüchtigkeit" (§ 1 JWG) zu entsprechen. Das Gesetz gibt damit aber nur die gleichsam negative Bestimmung der Erziehungsaufgabe, die durch den sogenannten „positiven Jugendschutz" ergänzt werden soll, wenn anders ein sinnvoller Schutz nicht durch Bewahrung allein, sondern durch Stärkung und Unterstützung geschieht; dies gilt besonders deshalb, weil die gefährdenden Erscheinungen der modernen Gesellschaft nie ganz dem kindlichen und jugendlichen Dasein fernzuhalten sein werden. Infolgedessen geschieht Jugendschutz nicht nur als Durchführung des Gesetzes, sondern auch als Beeinflussung und Aufklärung der erziehenden Generation (Eltern Lehrmeister, Ausbildungsleiter, Berufsschulen usw.) z. B. in den Jugendschutzwochen, wie auch in besonders gerichteten Veranstaltungen mit der Jugend selbst. In diesem Zusammenhang gewinnen die Kinder- und Jugendabteilungen der Volksbüchereien besondere Bedeutung, die Arbeit der Jugendfilmklubs, die Pflege der Auseinandersetzung mit den Erscheinungen der modernen Vergnügungsindustrie und den Massenkommunikationsmitteln in der Jugendgruppenarbeit und den Heimen der offenen Tür, schließlich auch die in einigen Städten (Mannheim, Hamburg, Berlin) eingerichteten Jugendtanzkaffees. Der Sprachgebrauch, alle diese Maßnahmen noch, wenn auch als „positiven" Jugendschutz zu bezeichnen, ist aber ungenau und sollte unzulässig sein, da sie vom JSchGÖ unabhängig und allenfalls im allgemeinen Sinne des Schutzcharakters jeder Jugenderziehung als Jugendschutz bezeichnet werden könnten. Es wäre daher für eine korrekte Beschreibung der Sachverhalte besser, wenn das Wort Jugendschutz als Terminus auf die im Zusammenhang des Gesetzes stehenden Maßnahmen beschränkt bliebe.

3. Heimerziehung

In den Erziehungsheimen haben sich die sozialpädagogischen Erziehungsabsichten und -aufgaben immer in besonders nachdrücklicher Weise
konzentriert. Längst vor dem Entstehen der Sozialpädagogik und vermutlich in allen politisch organisierten Gesellschaften nahm man für solche
geschlossenen Erziehungsinstitutionen die größten Wirkungen an. Daß das
nur bedingt, besonders in Fällen von Schwererziehbarkeit und Verwahrlosung, richtig ist, haben neuere Untersuchungen und Erfahrungen gezeigt. Jedenfalls aber können durch die Konzentration auf den Erziehungsvorgang, durch Ausschaltung der störenden und der Erziehungsabsicht entge-
genwirkenden Faktoren, durch gleichsinnige Einwirkungen von langer Dauer,
durch beständige Kombination dialogischer (Erzieher-Zögling) und kollektiver (Gruppen, Heimgemeinde) Erziehungsformen bei zweckentsprechender
Einrichtung des Ganzen die Chancen einer erfolgreichen Wirkung beträchtlich erhöht werden. Wenn auch für die gesunde und in normalen Verhältnis-
sen aufwachsende Jugend ohne den Zwang durch besondere Notlagen Heim-
aufenthalte wichtige Erfahrungen (Gruppenleben, Mitverantwortung, Bewährung in besonderen Situationen, Modelle für die Lebensgestaltung usw.)
vermitteln können (in Wohnheimen, Internatschulen, Kurzschulen, Ferien-
heimen, Jugenddörfern usw.), so ist es der Sozialpädagogik doch vornehmlich
um die Heimerziehung von solchen Minderjährigen zu tun, die entweder als
Waisenkinder einer öffentlichen Ergänzungserziehung bedürfen (§ 1838 BGB,
Art. 6GG), deren „leibliche, geistige oder seelische Entwicklung gefährdet
ist" und denen deshalb die Freiwillige Erziehungshilfe (FEH) gewährt wird
(§ 62 JWG) oder um diejenigen Fälle, in denen Fürsorgeerziehung (FE) an-
geordnet wird, „weil der Minderjährige zu verwahrlosen droht oder verwahrlost ist" (§ 64 JWG). Die rechtliche Trennung der drei Gruppen bedingt
jedoch nicht die Unterbringung in drei spezifischen Heimtypen. Es ist im
Gegenteil ein pädagogisch vertretbares Prinzip, die Heimerziehung und ihre
Ausgestaltung von solcher juristischer Differenzierung unabhängig zu halten
und nach allgemeinpädagogischen Gesichtspunkten zu konzipieren.
Die große Mannigfaltigkeit der vorhandenen Heime macht es unmöglich,
einen sachlich zureichenden statistisch differenzierten Überblick zu geben,
da nahezu alle denkbaren Varianten anzutreffen sind. Folgende Möglichkeiten einer Gruppierung bieten sich an: nach der Trägerschaft, nach der
Größe, nach der Verteilung der Geschlechter, nach dem Grad von Offenheit
oder Geschlossenheit, nach der Art der im Heim vorwiegenden Form von
Erziehungsbedürftigkeit, nach den Gruppierungsformen innerhalb des Heims,
nach der Altersgliederung.
Das Heim ist, gegenüber dem normalen Weg des Heranwachsens, immer eine
Notlösung, wenn es nicht, wie bei Internaten, Kurzschulen u. ä. neben einer
im Ganzen ungefährdeten Erziehungssituation auf besondere zusätzliche
Bildungsmöglichkeiten abgestellt ist. Es ist eine künstliche Konstruktion,
die an die Stelle der Familie tritt und Aufgaben wahrnehmen soll, die nor-
malerweise von dieser bewältigt werden. Das Grundproblem der Heimerziehung ist deshalb die innere Sozialform dieser Institution. Obwohl die
Familiensituation im Heim nicht eigentlich zu wiederholen oder zu kopieren
ist und deshalb, besonders in Rücksicht auf die grundlegende Bedeutung
der Familie für die Persönlichkeitsentwicklung, Heimerziehung das letzte

Mittel sein sollte, scheint doch im Normalfall das familienartig strukturierte Heim (alle Altersstufen wenigstens bis zur Schulentlassung und beide Geschlechter in kleinen Gruppen bis zu 12 Kindern) das günstigste Erziehungsmilieu zu sein. Trotzdem sind gegenwärtig (geschätzt) noch über 90% von ca. 500 aller Heime, in denen FEH oder FE durchgeführt wird, nicht von dieser Art. Das hat institutionelle, ideologische, politische aber auch pädagogische Gründe. So werden Schwersterziehbare und stark Verwahrloste nur in wenigen Fällen in familienähnlichen Gruppen zu behandeln sein; für sie gibt es mit gutem Recht besondere Heime. Schwierigkeiten anderer Art tauchen bei den Jugendlichen auf; für sie scheint sich eine altermäßige Gruppierung wie auch eine Begrenzung der in familienähnlichen Gruppen üblichen Koedukation zu empfehlen. Das bedeutet, daß es, wenigstens nach den gegenwärtig verfügbaren Erfahrungen, neben den nach Familienprinzip strukturierten Heimen immer auch solche wird geben müssen, die einerseits nur für bestimmte Altersgruppen, andererseits für bestimmte Grade von Schwererziehbarkeit bezw. Verwahrlosung vorbehalten bleiben, oder daß solche Differenzierungen als verschiedene Gruppierungsformen innerhalb eines Heimes durchgeführt werden.

Mit der Differenzierung nach dem Grade der Erziehungsbedürftigkeit und -Schwierigkeit, hängt die Differenzierung nach dem Grade von Geschlossenheit oder Offenheit eines Heimes zusammen. Der erzieherische Wert, der in dem geschlossenen Charakter eines Heimes als „pädagogischer Provinz" zweifellos liegt, kann zur Gefahr werden, wenn er, besonders bei langdauernder Heimunterbringung, zur totalen Isolierung des Zöglings vor der gesellschaftlichen Realität führt. In diesem Zusammenhang spielt die Möglichkeit einer Berufsausbildung und deren Qualität für die Heimerziehung eine entscheidende Rolle, ebenso wie die Frage, ob eine eigene Heimschule existiert oder die Kinder die öffentliche Schule besuchen können.

Die Aufgabe der Heime ist in der Regel so komplex wie die gesammte Erziehungsaufgabe; sie sind deshalb die Stätten der stärksten Konzentration der verfügbaren Erziehungsmittel und -probleme, gleichviel ob es sich um ein Pflegenest mit 8 — 15 Kindern oder um ein mit besonderen Fehlentwicklungen befaßtes heilpädagogisches Heim handelt. Eine Spezialisierung der Aufgaben findet lediglich in den, zwar noch wenig zahlreichen, Beobachtungsheimen statt, die eine diagnostische Funktion erfüllen, um die endgültige Heimunterbringung auf eine genaue Kenntnis des Zöglings gründen zu können. Die Dauer des Aufenthaltes beträgt 3 Wochen bis 3 Monate. Der Natur dieser Heime entsprechend, beschränkt sich ihre Aufgabe auf die Fälle der FEH und FE.

Eine noch so gute Einrichtung der Erziehungsheime kann jedoch die Beunruhigung nicht aus der Welt schaffen, die die Hospitalisationsschäden immer wieder verursachen. Die pädagogische Potenz der Heime ist offensichtlich prinzipiell begrenzt, da nur der intime Dauerkontakt in der familiären Situation dem Kinde das zu geben vermag, dessen es zu seiner Menschwerdung bedarf.

4. Offene Maßnahmen zur Vorbeugung und Bekämpfung von Jugendverwahrlosung und Jugendkriminalität

Heimunterbringung ist das äußerste vom JWG vorgesehene Mittel, eine fehlgelaufene Entwicklung oder mißglückte Erziehung zu korrigieren. Davor, wie auch vor der Vollstreckung der Jugendstrafe, gibt es vor allem zwei gesetzlich festgelegte Institutionen, die als lockere Formen des Eingreifens den Heranwachsenden im normalen Lebensmilieu belassen und damit glauben, noch seiner Selbständigkeit und Eigenkraft vertrauen zu dürfen. Die Erziehungsbeistandschaft (früher Schutzaufsicht) kann in Fällen drohender Verwahrlosung (§§ 55 ff. JWG; §§ 9 und 12 JGG) vom Jugendgericht oder Jugendamt bestellt werden. Der Erziehungsbeistand, in der Regel ein Fürsorger bezw. eine Fürsorgerin, beraten den Jugendlichen und helfen ihm in der Form persönlicher Betreuung. Ein erzieherischer Einfluß der Eltern wird in diesen Fällen noch vorauszusetzen sein, da die dem Erziehungsbeistand zur Verfügung stehenden Mittel nicht ausreichen, um allein in der erforderlichen Weise einwirken zu können. „Der Erziehungsbeistand unterstützt die Personensorgeberechtigten bei der Erziehung. Er steht dem Minderjährigen mit Rat und Hilfe zur Seite" (§ 58 JWG). Es ist verständlich, wenn die erzieherischen Möglichkeiten einer solchen Institution im allgemeinen zurückhaltend beurteilt werden, und dies nicht nur wegen der institutionellen Begrenzung, sondern weil der Erfolg dieser Maßnahme vom intensiven Kontakt zwischen Schützling und Beistand abhängt, d.h. ganz von der pädagogischen Potenz des bestellten Erziehers einerseits und einer hinreichenden Anzahl solcher Fachkräfte andererseits; dabei scheint letzteres das entscheidende Problem zu sein. Um beiden Schwierigkeiten zu begegnen, besonders aber auch die gruppenpädagogischen Möglichkeiten im Dienste dieser Einrichtung zur Wirkung kommen zu lassen, hat man manchenorts sogenannte Schutzaufsichtsgruppen gebildet, die in mehr oder minder starker Anlehnung an die Verfahrensweisen der Jugendpflege arbeiten und die erfolgreichste Form der Erziehungsbeistandschaft zu sein scheinen.

Methodisch ähnliche Probleme stellt die Bewährungshilfe, obwohl sie als Rechtsinstitut ausschließlich im JGG formuliert ist und auch als kriminalpädagogische Maßnahme angesprochen werden kann. Infolgedessen ist es auch strittig, ob ihre Durchführung den Justiz- oder den Jugendbehörden unterstehen soll (Die Länder der BRD verfahren darin unterschiedlich). Sie tritt ein bei der Aussetzung der Vollstreckung der Jugendstrafe, bei der Aussetzung der Verhängung der Jugendstrafe und bei der Entlassung zur Bewährung (§§ 20 ff., 27 ff. und 88 JGG). Es handelt sich also nicht, wie bei der Erziehungsbeistandschaft, nur um Fälle drohender Verwahrlosung oder Entwicklungsschädigung, sondern um eindeutige Straffälligkeit. Die Aufgabe des Bewährungshelfers ist entsprechend umfangreich und kompliziert. Da die Probanden in der Regel nicht solche sind, die einer einmaligen Entgleisung zum Opfer fielen, sondern solche, deren Lebensumstände nachhaltig gefährdend wirken, ist es die Aufgabe des Bewährungshelfers, auch in diese Umstände mit einzugreifen. Zwar ist auch in der Bewährungshilfe das Gespräch als der Kern der Erziehungstätigkeit anzusehen; es wird aber gestützt und erst wirksam, wenn Eltern, Lehrherrn, Arbeitsplatz, Freizeit in die Erziehungsbemühungen einbezogen werden; oft wird

Wechsel der Umwelt nötig sein (Unterbringung in einer Familie, in einem Wohnheim), um überhaupt einen Erziehungserfolg erhoffen zu lassen. Die Bewährungszeit beträgt bei Aussetzung der Vollstreckung mindestens zwei und höchstens drei Jahre, bei Aussetzung der Verhängung der Jugendstrafe mindestens ein und höchstens zwei Jahre. Das schwierige Verhältnis von Strafrecht und Erziehung, wie es sich besonders in der Jugendstrafrechtspflege darstellt, hat schließlich auch die J u g e n d g e r i c h t s h i l f e hervorgebracht, eine fürsorgerische Institution, die der Rechtssprechung in Jugendstrafsachen behilflich ist, um dem straffälligen Jugendlichen durch die getroffene Maßnahme oder verhängte Strafe auch wirklich sein Recht auf Erziehung zukommen zu lassen. Der Jugendgerichtshelfer setzt mit seiner Tätigkeit ein, sobald ein Jugendlicher in ein Strafverfahren verwickelt wird. Seine wesentlichen Funktionen sind der frühzeitige Kontakt mit dem Jugendlichen, die Information über seine Lebensumstände, die Betreuung bis zur Hauptverhandlung, besonders im Falle der Untersuchungshaft, die Abfassung eines detaillierten Berichts, das Zusammenwirken mit dem Richter, die Mitwirkung im Strafvollzug bei der Wiedereingliederung, bei der Strafentlassenenfürsorge.

Sind Erziehungsbeistandschaft, Bewährungshilfe und Jugendgerichtshilfe sozialpädagogische Institutionen, die sich im Laufe der Zeit und in einem Vorgang der Spezialisierung aus der allgemeinen Fürsorge herausdifferenziert haben (für die Bewährungshilfe ist das nur bedingt richtig, da sie eine entscheidende Wurzel in der Entwicklung der Strafrechtspflege hat), so gibt es daneben unerläßliche fürsorgerische Tätigkeiten, die den umfassenden Charakter der Fürsorge bewahrt haben. Überall dort, wo zwar kein spezialistisches Eingreifen erforderlich ist, aber doch die Lebenssituation eines einzelnen, einer Familie, einer Gruppe einer zusätzlichen Hilfe bedarf, um eine selbständige Existenz führen zu können, bietet die F ü r s o r g e , besonders in der Form der F a m i l i e n f ü r s o r g e , ihre Unterstützung an. Jede Fürsorge ist persönliche Hilfe, d. h. immer auf die Person des Hilfsbedürftigen gerichtet. Sie enthält daher auch alle Elemente eines persönlich-erzieherischen Verhältnisses; „der wesentliche Inhalt der fürsorgerischen Bemühungen um den Hilfsbedürftigen ist die Erziehung" (Scherpner), auch wo es sich scheinbar um reine Wirtschaftshilfe handelt, da der Sinn der fürsorgerischen Tätigkeit in diesem Fall darin läge, die Ursachen der Unwirtschaftlichkeit des Hilfsbedürftigen aufzudecken und zu beheben. Fürsorge ist zugleich individualisierende Hilfe; d. h. sie setzt jeweils in der besonderen psychischen Situation des Klienten an mit dem Versuch, gerade dessen besondere Lebensmöglichkeit zu verwirklichen. In diesem Zusammenhang ist die fürsorgerische Methode der Einzelfallhilfe entwickelt worden, die, unter Verwendung tiefenpsychologischer Einsichten, den Intentionen der Fürsorgearbeit in besonderer Weise entspricht.

5. Jugendstrafvollzug

Die äußerste pädagogische Maßnahme, zu der sich die Gesellschaft entschließt, ist der Vollzug der Freiheitsstrafe an jugendlichen Straffälligen, als „Jugendstrafe" im Jugendgerichtsgesetz (JGG von 1953) geregelt. Im Vergleich zu den anderen sozialpädagogischen Institutionen ist der Jugendstrafvollzug einer der jüngsten, obwohl das Problem einer gesonderten

Behandlung von Jugendlichen im Rahmen des Strafvollzuges schon um die Wende zum 19. Jahrhundert ernst genommen wurde. Erst nachdem die juristische Diskussion der Probleme der Freiheitsstrafe eine neue Wendung nahm und außerdem die entsprechenden Einrichtungen in den USA vorbildlich wirken, setzten institutionelle Reformen grundsätzlicher Art ein und damit die Entwicklung zum erzieherischen Jugendstrafvollzug (1868 Jugendgefängnis Niederschönfeld in Bayern, 1912 Jugendgefängnis Wittlich in Preußen, nach dem ersten Weltkrieg Hahnöfersand in Hamburg und Eisenach). Die Jugendstrafe ist – nach den Erziehungsmaßregeln (Weisungen, Erziehungsbeistandschaft, Fürsorgeerziehung) und Zuchtmitteln (Verwarnung, Auferlegung besonderer Pflichten, Jugendarrest) – die härteste der im Jugendgerichtsgesetz vorgesehenen Möglichkeiten einer pädagogischen Einflußnahme. Sie wird in der Regel dann angewendet, wenn das Jugendgericht beim Delinquenten „schädliche Neigungen" festgestellt hat und alle anderen Maßnahmen als unzureichend angesehen werden. Auf diese Weise gelangt nur ein sehr geringer Teil der straffällig gewordenen Jugendlichen in eine Jugendstrafanstalt; 1958 waren es 6, 3 % der Jugendlichen im Alter zwischen 14 und 18 Jahren und 14, 7% der sogenannten „Heranwachsenden" im Alter zwischen 18 und 21 Jahren. Diese Daten zeigen, daß es der Jugendstrafvollzug vorwiegend mit der Gruppe der Heranwachsenden, genauer: mit den 16 bis 21 jährigen zu tun hat (am 1. 3. 1961 befanden sich unter 6660 Insassen der Jugendstrafanstalten in der BRD und Berlin nur 64 Jugendliche im Alter zwischen 14 und 16 Jahren).

Das Grundproblem des Jugendstrafvollzuges ergibt sich aus der Differenz zwischen seinem Charakter als echte Kriminalstrafe und dem Erziehungsauftrag. Im letzteren, wie auch in der inneren pädagogischen Organisation, dem Heim vergleichbar, teilt es als Institution des Kriminalrechts alle wesentlichen Merkmale des Freiheitsentzuges unter Zwang (Gerichtsurteil, Mauern, Zellen, Gitter) mit jeder Form von Gefängnisstrafe. Der Versuch, diese beiden Prinzipien in Einklang zu bringen, hat zum sogenannten progressiven oder Stufenstrafvollzug geführt, wie auch zu aufgelockerten Gesamtformen. Der Stufenstrafvollzug – gegenwärtig die Regel – ist die Institutionalisierung der pädagogischen Absicht dadurch, daß der Strafgefangene in der Zeit seiner Inhaftierung schrittweise von einem Maximum an Unfreiheit zu einem Maximum an Freiheit geführt wird, um so den bis dahin mißglückten Erziehungsprozeß in gedrängter Form noch einmal zu durchlaufen und zu korrigieren. Die pädagogische Qualität des Jugendstrafvollzuges ist aber von dieser, freilich hilfreichen, Institution ebensowenig abhängig, wie von den gleichsam halboffenen, Jugendlager genannten Anstalten für kurzfristig Bestrafte, in denen auf die architektonischen Attribute des Gefängnisses zugunsten eines stärker hervorgehobenen Heimcharakters verzichtet und dem Gemeinschaftsleben von vornherein ein größerer Spielraum gewährt wird.

Der Jugendstrafvollzug ist in besonderer Weise, schon wegen der spezifischen Schwierigkeiten, die die Jugendlichen haben, auf Möglichkeiten zur Individualisierung und Differenzierung angewiesen. Der sorgfältig durchgeführte Aufnahme-Vorgang, eine gründliche Beobachtung und Diagnose ist hier in jedem Falle unerläßlich. Nirgends kann daher neben den pädagogischen Fachkräften (Erzieher, Lehrer, Werkmeister) auf den Psychologen verzichtet werden. Aus demselben Grund hat das Gespräch eine entscheidende Bedeutung; Einsicht und Bejahung der Strafsituation können als Bedingungen für eine sinnvolle Gefängniserziehung gelten. Damit bekommt auch die Einzelzelle — zunächst eine Funktion der Kriminalstrafe — einen pädagogischen Sinn; die erzieherische Spannung zwischen Isolierung in der Zelle (Besinnung) und Bewährung in der Gruppe durchzieht den gesamten Strafvollzug. Wenn daher einerseits alle Formen individueller Hilfe in den Vordergrund treten, bilden die Möglichkeiten der Gruppenpädagogik bis zur Gruppentherapie das notwendige Komplement.

Alle Maßnahmen des Vollzuges sind auf die Resozialisierung des Jugendlichen gerichtet. Das bedeutet besonders, daß der Berufsausbildung große Aufmerksamkeit geschenkt wird in Grundausbildungslehrgängen, An- und Umlernmöglichkeiten bis zur regelrechten Lehre mit Gesellen- oder Meisterprüfung. Das bedeutet ferner, daß die Entlassung mit besonderer pädagogischer Sorgfalt vorbereitet wird und der Übergang sich nicht unvermittelt vollzieht. Solche Vermittlung geschieht in der Regel durch Ausgliederung der Jugendlichen in der letzten Phase der Haftzeit aus der Strafanstalt und ihre Unterbringung in heimähnlichen Gebäuden, Gewährung größtmöglicher Freizügigkeit und Ausschließlichkeit des Gruppenprinzips.

Eine Differenzierung der Jugendstrafanstalten nach den Graden der Erziehbarkeit findet sich kaum statt, obwohl sie aus kriminologischen Gründen zu wünschen wäre. Die übliche Differenzierung, in der schon durchaus kriminologische Gesichtspunkte zur Geltung kommen, richtet sich nach dem Strafmaß. Vor allem wird die Jugendstrafe von unbestimmter Dauer (§ 19 JGG) in gesonderten Anstalten und Abteilungen vollzogen. Der Vollzug an männlichen und weiblichen Jugendlichen geschieht in getrennten Anstalten. In der BRD einschließlich Berlins gibt es gegenwärtig 19 Jugendstrafanstalten für männliche Verurteilte; die weiblichen Jugendlichen werden fast ausschließlich noch in Abteilungen der Erwachsenengefängnisse untergebracht (unter den 6660 jugendlichen und „heranwachsenden" Insassen der Strafanstalten am 1.3.1961 befanden sich nur 200 Mädchen, davon 199 über 16 Jahre alt).

6. Beratungsstellen

Die Einsicht in die Notwendigkeit vorbeugender Maßnahmen und individualisierender Einzelhilfen hat besonders nach dem zweiten Weltkrieg dazu geführt, daß eine große Anzahl verschiedenartiger Beratungsstellen eingerichtet wurde, so daß heute schon von ihnen als einem besonderen sozialpädagogischen Arbeitsfeld gesprochen werden kann. Als unentbehrlich haben sich die Erziehungsberatungsstellen erwiesen. Da einerseits die moderne Gesellschaft dem Kinde neue und große Belastungen zumutet, und da andererseits die Elterngeneration nicht mehr die naive Sicherheit des pädagogischen Zugriffs hat, die eine traditionsreiche Erziehungspraxis noch hatte und deshalb seit langem eine Verhaltensunsicherheit in Erziehungsfragen charakteristisch ist, bedarf es einer Einrichtung, die imstande ist, fundierten pädagogisch-psychologischen Rat zu erteilen. Ist das Beraten in Erziehungsfragen, der Einmaligkeit jedes Falles wegen, schon unter Nachbarn, Bekannten und Verwandten schwierig, so erst recht dort, wo es zum Prinzip einer Institution gemacht wird und wo ein naives, von der Erziehungssitte geleitetes pädagogisches Verhalten gerade zu Fehlentwicklungen geführt hat. Die Aufgabe der Erziehungsberatungsstelle ist es, eine Diagnose zu stellen und dem Kinde wie den Eltern bei der Behebung der Schwierigkeiten behilflich zu sein. Der Mehrdimensionalität des Gegenstandes entsprechend bilden die Erziehungsberatungsstellen je ein Team, in der Regel bestehend aus einer psychologischen, einer sozialpädagogischen (fürsorgerischen) und einer medizinischen (psychiatrischen) Fachkraft. Die Zahl der von den Jugendämtern beanspruchten Erziehungsberatungsstellen beträgt gegenwärtig etwa 300. Den Anlaß der Beratungsfälle bilden in der Regel Verhaltensstörungen (Bettnässen, Einkoten, Schlafstörungen, Phobien; soziale, sittliche, sexuelle und sprachliche Verhaltensstörungen; Leistungsschwächen), die noch nicht zu Schwererziehbarkeit oder Verwahrlosung geführt haben. Die Art der Fälle erfordert, daß psychotherapeutische Gesichtspunkte zur Geltung kommen in Diagnose und Behandlung, um nicht nur die Symptome vorübergehend zum Verschwinden zu bringen, sondern die Ursachen aufzudecken. Dabei sind Diagnose und Behandlung nur selten scharf zu trennen. Schon das erste Gespräch mit dem Kinde oder den ratsuchenden Eltern ist ein pädagogischer Akt. Des weiteren zeigen auch die Mittel des Spiels, der Spieltests, der Spieltherapie, der Gruppenbehandlung und Gruppentherapie immer diesen Doppelaspekt. Erziehungsberatung ist schließlich nicht nur unmittelbare Hilfe für das gestörte Kind oder den Jugendlichen, sondern auch Beratung und Hilfe für die Eltern, unter Umständen Korrektur der gesamten Erziehungssituation, der familiären wie der außerfamiliären, und Vorbereitung besserer Bedingungen für das Heranwachsen im Einzelfall.

Neben den institutionell und wissenschaftlich fundierten Erziehungsberatungsstellen gibt es eine sich laufend vergrößernde Zahl von Einrichtungen, die ebenfalls, wenn auch in lockererer Form, sozialpädagogisch relevante beratende und informierend erziehende Funktionen ausüben, wie Ehe - und Mütterberatungsstellen, Mütterschulen oder auch die psychologisch-fürsorgerische Sozialberatung großer Betriebe.

Die älteste Tradition hat unter allen solchen Einrichtungen in Deutschland aber die Berufsberatung. Sie ist notwendig geworden in einer Gesellschaft, in der das Berufsziel des Nachwuchses nicht mehr traditionsbestimmt ist, sondern prinzipiell von der eigenen Entscheidung abhängt, d. h. von Berufswahl im eigentlichen Sinne des Wortes erst gesprochen werden kann. Diese Chance der prinzipiellen Wahlfreiheit wird aber wiederum eingeengt durch die weitgehende Unanschaulichkeit des modernen Berufslebens und die Unkenntnis, in der die Jugend über ihre Möglichkeiten bleiben würde, gäbe es nicht Institutionen, die hier informieren und beraten. Dabei besteht die Aufgabe der Berufsberatung darin, sowohl Eignung, Neigungen und Interessen festzustellen, wie auch arbeitsmarktpolitische Gesichtspunkte ins Spiel zu bringen, d. h. sie muß zwischen den subjektiven Voraussetzungen der Arbeitsuchenden und dem objektiven Bedarf der Gesellschaft vermitteln, da kaum anzunehmen ist, daß zwischen beiden eine prästabilierte Harmonie besteht. Der rasche Wechsel der Arbeitsmarktlage macht die Berufsberatung zusätzlich schwierig, besonders da sie eine Institution vornehmlich zum Wohl des Jugendlichen ist und die Bedürfnisse der Wirtschaft als Gesichtspunkt, nicht aber als entscheidendes Motiv zu Geltung kommen

sollten. Um partiellen und nicht am Wohl der Jugend orientierten Interessen
der Wirtschaft vorzubeugen und so einen Mißbrauch der Berufsberatung zu
verhindern, liegt sie kraft Gesetz ausschließlich in der Hand der Arbeits-
ämter. Privaten Einrichtungen ist die regelmäßige Berufsberatung untersagt
(Kommentar zum Gesetz über Arbeitsvermittlung und Arbeitslosenversiche-
rung von 1957). Wie in allen Beratungseinrichtungen spielt methodisch das
persönliche Gespräch die entscheidende Rolle; zur Feststellung spezieller
Eignungen werden Tests verwandt: die Berufsaufklärung geschieht nicht nur
in der Beratungsstunde, sondern in großem Umfang in den Abgangsklassen
der Schulen, in öffentlichen Veranstaltungen und in Massenkommunikationsmitteln.

7. Die Träger der sozialpädagogischen Einrichtungen

Die Sozialpädagogik hat sich, institutionengeschichtlich gesehen, aus der
privaten und kommunalen Fürsorge entwickelt. Bis heute spielt die Initiative
freier Gruppen und Verbände in ihr eine hervorragende Rolle, und zwar nicht
nur aus diesem geschichtlichen Grunde, sondern weil es der Sache selbst
förderlich zu sein scheint. Die Sozialpädagogik ist in besonderer Weise
auf pädagogischen Erfindungsreichtum, Experimentierfreudigkeit und Mannigfaltigkeit angewiesen; sie muß sich nicht nur den immer neuen individuellen Schicksalen und Situationen anpassen, sondern auch den durch den
gesellschaftlichen Wandel bedingten andauernden Veränderungen im pädagogischen Feld. Die Initiative und die pädagogische Verantwortlichkeit möglichst vieler und vielfältiger Bevölkerungsgruppen ist der Sozialpädagogik
daher unentbehrlich. Das JWG bestimmt deshalb: „Insoweit der Anspruch
des Kindes auf Erziehung von der Familie nicht erfüllt wird, tritt, unbeschadet der Mitarbeit freiwilliger Tätigkeit, öffentliche Jugendhilfe ein"
(§ 1); die Organisation der öffentlichen Sozialpädagogik (Jugendhilfe) darf
also die schon bestehende Erziehungsarbeit der freien Verbände nicht be-
einträchtigen; im Gegenteil: die Förderung dieser Arbeit (§ 5 JWG) ist ausdrückliche Pflicht des Jugendamtes. Die bedeutendsten freien Trägerverbände sind die Arbeiterwohlfahrt, der Deutsche Caritas-Verband, die Innere
Mission, der Deutsche paritätische Wohlfahrtsverband; neuerdings auch das
Deutsche Rote Kreuz, ferner die in der Bundesarbeitsgemeinschaft Jugend-
aufbauwerk vertretenen Trägergruppen der Jugendsozialarbeit, die großen
Jugendverbände, die Kirchen. Sie vertreten, dem weltanschaulichen Pluralismus entsprechend, die verschiedenen in der Gesellschaft wirksamen
„Grundrichtungen der Erziehung" (§ 3 JWG). Indessen ist jedoch ein planvolles Zusammenarbeiten der Trägerverbände miteinander wie vor allem
mit dem Jugendamt geboten.
Das J u g e n d a m t , das im Auftrage der Gemeinden oder Landkreise selbst
als Träger sozialpädagogischer Einrichtungen in Erscheinung tritt, ist eine
„Selbstverwaltungsangelegenheit der Gemeinden und Gemeindeverbände"
(§ 12 JWG); es ist dadurch ganz an die Reallage der örtlichen pädagogischen
Situation gebunden und wird aus ihr heraus tätig; es ist damit aber auch in
seiner Leistungsfähigkeit von den Zufälligkeiten dieser Bedingungen abhängig, besonders im Hinblick auf das Maß an pädagogischer Aktivität, das
es entfaltet. Es besteht aus der Verwaltung (Amtsleiter, jugendpflegerische
und - fürsorgerische Mitarbeiter) und dem Jugendwohlfahrtsausschuß. Dieser

ist der Verwaltung vorgeordnet und daher kommunalpolitisch — nach der Vertretungskörperschaft — die entscheidende Instanz für alle sozialpädagogischen Probleme. Ihm gehören Mitglieder der Vertretungskörperschaft, Vertreter der freien Träger (Vereinigungen und Jugendverbände), soweit sie in der Gemeinde bzw. im Landkreis tätig sind), der Leiter der Verwaltung, der Leiter der Verwaltung des Jugendamtes, ein Arzt des Gesundheitsamtes, Vertreter der Kirchen, ein Vormundschaftsrichter oder Jugendrichter an. Das Jugendamt ist damit als eine Stelle kommunalpolitischer Kooperation aller an der sozialpädagogischen Praxis beteiligten Kräfte konzipiert. Wie schwierig es indessen ist, diese Konzeption (sie ist Pflichtaufgabe der Gemeinden) gegen die oft widrigen politischen und sozialen Bedingungen durchzusetzen, zeigt die Tatsache, daß (1960) von den 688 Jugendämtern der BRD ca. 14% ohne Jugendwohlfahrtsausschuß arbeiten; über 43% der Ausschüsse treten im Jahr nur bis zu dreimal zusammen, obwohl das JWG mindestens sechs jährliche Zusammenkünfte vorschreibt (mehr als sechsmal treten zwischen 7% und 8% der Ausschüsse zusammen). Das Jugendamt als eine Stätte der „Erziehungsleitung" (Klumker) oder Erziehungsplanung steht besonders vor der schwierigen Aufgabe, das Verhältnis von Verwaltung und Erziehung bestimmen und schon im personellen Bestand diesen Widerspruch aufheben zu müssen. Außerdem müssen ihm genügend eigene sozialpädagogische Einrichtungen, insbesondere Kindergärten, Heime der offenen Tür, Erziehungsberatungsstellen, zur Verfügung stehen, da es an erster Stelle für die Befriedigung der örtlichen Erziehungsbedürfnisse verantwortlich ist.

Um die ungleiche finanzielle Leistungsfähigkeit der Gemeinden auszugleichen und an Stellen besonderen sozialpädagogischen Bedarfs eine wirkungsvolle Erziehungshilfe zu ermöglichen, gibt es seit 1950 den Bundesjugendplan. Er ist ein Förderungsfonds (1950: 17,5 Millionen DM absteigend bis 1961: 84,4 Millionen DM) des Bundes. Die pädagogische Initiative der vorhandenen Träger setzt er voraus, wendet sich in der Regel an die freien und gemeinnützigen Organisationen und will die Selbsthilfe im Bereich der Sozialpädagogik fördern. Der Schwerpunkt der Förderung liegt bei der außerschulischen Jugendbildung (zwei Drittel der Förderung), hier vornehmlich bei der Unterstützung der Jugendorganisationen, der Einrichtungen für politische Bildung und für Freizeiterziehung. Damit treten durch den Bundesjugendplan die freien Träger der sozialpädagogischen Arbeit nicht nur zu den Gemeinden, sondern auch zum Staat in ein partnerschaftliches Verhältnis. Das geschieht durch den dem Bundesministerium für Familien- und Jugendfragen zur Seite stehenden „Aktionsausschuß für Jugendfragen". Die Schwierigkeit allerdings besteht darin, dieses Verhältnis beweglich zu halten, die Stellen des echten Bedarfs immer neu zu ermitteln, um so eine den wechselnden Umständen angemessene vertrauensvolle Kooperation zwischen dem Staat und der Jugend in der Verantwortung für die sozialpädagogischen Aufgaben zu ermöglichen und wach zu halten.

Der Nachdruck des Artikels „Sozialpädagogische Einrichtungen" von Dr. Klaus Mollenhauer aus dem Fischer-Lexikon, Band „Pädagogik", erfolgt mit freundlicher Genehmigung des S. Fischer Verlags, Frankfurt/Main.

Sozialpädagogische Reihe

Hrsg. von Wolfgang Bäuerle, Anneliese Buß, Carl-Ludwig Furck und Klaus Mollenhauer.

**Band 2
Ginott
Gruppenpsychotherapie
mit Kindern**

Theorie und Praxis der Spieltherapie. Von Haim G. Ginott. Aus dem Amerikanischen übertragen von Käte Gohlke und Käthe Hart. (Beltz Monographien Sozialpädagogik.) 6. Auflage 1973. 192 Seiten. Broschiert DM 18,–
    ISBN 3 407 13102 X

„. . . man muß Ginotts Buch als eine ausgezeichnete Hilfestellung würdigen, die den Erziehungsberater klar auf die Techniken, Voraussetzungen und Schwierigkeiten seiner Arbeit hinweist. Es enthält eine Fülle von Anregungen, gibt erste Hilfe in bezug auf die Indikation zur Gruppenbehandlung und Hinweise auf Techniken der Gruppenarbeit mit den Eltern der Kinder."
    (Frankfurter Allgemeine Zeitung)

**Band 3
Konopka · Soziale
Gruppenarbeit:
ein helfender Prozeß**

Von Gisela Konopka. Aus dem Amerikanischen. 4./5. Aufl. 1971. 314 Seiten. Broschiert DM 25,–
    ISBN 3 407 13103 8

In neun Kapiteln behandelt Konopka die verschiedenen Aspekte der sozialen Gruppenarbeit: ihre Geschichte, ihre theoretischen Grundlagen, ihre Ziel- und Wertvorstellungen, ihre praktischen Prinzipien und die Rolle des sozialen Gruppenarbeiters in den verschiedenen Bereichen der Praxis.

**Band 4
Bäuerle · Theorie
der Elternbildung**

Von Wolfgang Bäuerle. (Beltz Monographien Sozialpädagogik.) 2., durchges. Aufl. 1972. X, 261 Seiten. Broschiert DM 25,–
    ISBN 3 407 13104 6

Unwissende und an Erziehung desinteressierte Eltern sind oft die Ursache schichtspezifischer Erziehungsdefizite. Ob und wie Einstellung und Interesse, pädagogisches Wissen und erziehendes Verhalten der Eltern verändert werden können, spielt dabei eine immer größere Rolle. Für Lehrer, Sozialpädagogen, Psychologen und Ärzte, die sich dieser Frage widmen, legt der Autor eine Untersuchung über Möglichkeiten und Grenzen der Elternbildung vor.

**Band 5
Bratt · Gespräch
und Behandlung
in der sozialen Arbeit**

Ein Wegweiser für die praktische Menschenbehandlung. Von Nancy Bratt. Aus dem Dänischen. 1971. 198 Seiten. Broschiert. DM 17,–
    ISBN 3 407 13105 4

Das Buch beschreibt methodische Fragen der Menschenbehandlung, die Technik der Gesprächsführung wird dargestellt, das Problem Hilfe geben und Hilfe annehmen von seinem psychologischen Hintergrund aus untersucht. Anamneseaufnahme, Klientbehandlung und Familientherapie, sowie die Zusammenarbeit in der Personalgruppe werden erörtert.

BELTZ

Sozialpädagogische Reihe

Hrsg. von Wolfgang Bäuerle, Anneliese Buß, Carl-Ludwig Furck und Klaus Mollenhauer.

Band 6
Tuggener · Social Work

Versuch einer Darstellung und Deutung im Hinblick auf das Verhältnis von Sozialarbeit und Sozialpädagogik. Von Heinrich Tuggener. (Beltz Monographien Sozialpädagogik.) 2. Auflage 1973. 213 Seiten. Broschiert DM 18,–   ISBN 3 407 13106 2

Die Studie fragt nach den sozialen und geistigen Triebfedern, welche die bekannten methodischen Formen „casework" und „group work" ausprägten. Das in seiner Fragestellung erstmalige Werk gibt neue Einblicke in die geistige Struktur des „social work."

Band 7
Glasser
Realitätstherapie

Neue Wege der Psychotherapie. Von William Glasser. Aus dem Amerikanischen. (Beltz Monographien Sozialpädagogik.) 1972. X, 145 Seiten. Broschiert DM 14,–   ISBN 3 407 13109 7

Realitätstherapie bedeutet: Intensive persönliche Be-

ziehung zwischen Patient und Therapeut, Konfrontation mit der Wirklichkeit, Zurückweisung unverantwortlichen Handelns und Erlernen angemessener Verhaltensweisen.
Welche Erscheinungsbilder seelischer Gestörtheit die Patienten auch zeigen: die ihnen allen gemeinsame Ursache sieht Glasser in dem Unvermögen, grundlegende Bedürfnisse zu erfüllen: das, zu lieben und geliebt zu werden und jenes, sich als wertvoll und geachtet zu erleben.

Band 8
Smalley
Praxisorientierte
Theorie der Sozialarbeit

Von Ruth Elizabeth Smalley. Aus dem Amerikanischen. (Beltz Monographien Sozialpädagogik.) 1974. XXI, 368 Seiten. Broschiert DM 24,–   ISBN 3 407 55508 3

In diesem Band werden der institutionelle Rahmen und die Zielsetzungen der Sozialarbeit umrissen, wobei Konzentration auf die vorgegebenen Aufgaben für wichtiger erachtet werden als eine Ausweitung des

professionellen Interesses auf immer neue Gebiete.
Orientierung an der „funktionalen Schule" der amerikanischen Sozialarbeit und der ausdrückliche Bezug auf die Praxis zeichnen diese „Theorie der Sozialarbeit" gegenüber dem Gros vergleichbarer Werke aus.

Band 9
Prüß/Tschoepe
Planung und Sozialplanung

Eine Einführung in ihre Begriffe und Probleme. Von Klaus-Peter Prüß und Armin Tschoepe. (Beltz Bibliothek 39). 1974. 244 Seiten. Broschiert DM 12,–
ISBN 3 407 50039 4

Die Verfasser haben zu dem Komplex „Sozialarbeit und Sozialplanung" ein Kompendium geschrieben, das nicht den Ehrgeiz hat, der Fülle von Planungs- und Fachbegriffen weitere hinzuzufügen. Es soll die Möglichkeit geben, sich in die Probleme der Planung praxisbezogen einzuarbeiten.

BELTZ